JN419195

초보자를 위한
친환경
가구 만들기

공구 사용법부터 가구 제작법까지 **우리집 목공 DIY 교과서**

초보자를 위한 친환경 가구 만들기

우상연 지음

북하우스

프롤로그

참, 편리한 세상입니다. 언제든 원하는 것들을 쉽게 취할 수 있으니까요. 또 전화 한 통, 클릭 몇 번만으로 집 밖으로 나가야 하는 수고마저 덜어줬으니 감사하기 그지없습니다. 하지만 그만큼 버리는 것, 잊혀가는 것도 많다는 걸 아시는지요? 정성, 나누는 즐거움, 만드는 기쁨 같은 것 말입니다. 부작용도 만만찮습니다. 아토피 등을 비롯한 각종 피부질환이며 환경 파괴 같은 크고 작은 문제들처럼.

그래시인지 요즘은 다시 이전으로의 회귀를 외치나봅니다. 간편하고 빠른 인스턴트 식품 대신 천연 조미료를 만들어 먹고, 유기농 재료를 찾아 식단을 구성하지요. 질기고 오래가는 화학섬유 대신 천연 섬유로 만든 옷들을 선호합니다. 솜씨 좋으신 분들은 직접 만들기도 하고요.

가구도 마찬가지입니다. 공장에서 찍어낸 획일화된 가구나 플라스틱 제품 대신 친환경 원목 제품을 선호합니다. 하루 종일 지친 몸을 누이고, 앉아서 밥을 먹고, 공부를 하는

침대며 식탁이며 책장이며 의자며 사람의 몸이 닿지 않는 곳이 없습니다. 그러니 각종 유해물질을 함유한 제품보다는 건강을 지키기 위해 원목 가구를 찾게 되는 것이지요.

　이렇듯 내 몸을 위한 작은 호사를 누려보겠다는 욕심에 더해, 이왕이면 자신의 집에 어울리는 한편, 자신의 디자인 아이디어가 한껏 발휘된 '나만의 가구'를 꼭 한 번 만들어보고 싶은 분들이 많을 겁니다. 그간 만들어진 가구들만 사용해봤던 분이라면, 처음부터 끝까지 자신의 손끝에서 완성되어가는 과정을 충분히 만끽하며 즐기는 기쁨까지 더할 수 있습니다. 게다가 나무가 주는 따스함과 부드러운 촉감은 다른 어떤 재료와도 비교할 수 없는 매력을 갖습니다.

　원재료의 매력에 더해 하나씩 배워가며 완성하는 과정마다 느끼는 즐거움과 결과물을 통해 얻게 될 기쁨까지 생각한다면, 가구 만들기에 한번 도전해보고 싶을 겁니다.

　그렇다면, 어떻게 시작해야 할까요? 인터넷 정보, 가구 공방 활용을 비롯해 '쉽고도 간단한 목가구 만들기'를 지향하는 많은 목공 관련 책자들을 찾아볼 수 있을 겁니다. 하지만 한 번쯤 꼭 겪게 되는 과정이 있습니다. 책에서 소개한 그대로 따라해보려 해도, 초보자에게는 무한정 어렵게만 느껴진다는 사실입니다. 내용상으로는 간단하기 그지없지만, 그 과정과 과정 사이의 연결고리를 제대로 짚어주지 못한 아쉬움을 많이 느끼셨을 겁니다. 한 가지 예를 들어볼까요? 예전에 본 어떤 시트콤에서 애교며 화장법이며 연애비법 등을 글로 배운 등장인물이 현실에서 그대로 적용하다 웃음을 유발하는 이야기가 나왔습니다. 그때 그 방송을 보고 한참을 웃었는데, 생각해보니 목공을 글로 배우려는 분들 역시 이처럼 난감한 상황을 겪지 않을까 싶었습니다.

　'글 속에서 체득한 내용을 삶에 제대로 녹여내야만 진짜다'라는 시트콤의 교훈을 토대로, 목공에 관심 있는 분들이 쉽게 도전해보실 수 있도록 구성된 이 책은 지역별 가구 공방 정보와 가구 만드는 과정, 목공 노하우 등을 담은 초보자용 목공 교과서라 할 수 있습니다. 목공에 사용되는 전동공구와 수공구들의 이름과 쓰임새를 설명하고, 실전에서 각각의 공구들이 어떻게 활용되는지 등을 자세히 소개하였습니다. 이후 이 공구들을 이용해 실생활에서 많이 사용되는 가구들을 만드는 과정을 상세히 기술, 재현하여 누구나 어렵지 않게 만들어볼 수 있도록 하였습니다.

목공에 대한 열정만 있다면 가구 만들기는 생각보다 어렵지 않습니다. 이 책을 통해 새내기 가구 디자이너로서 발돋움하시기를 바랍니다.

차례

Part 1.

목공 DIY
어떻게 시작할까?

Part
2.

목공,
본격적으로 배워볼까?
– 가구 공방 목록

Part
3.

가구 만드는 데
어떤 공구가 필요할까?
– 목공 기본 공구 사용법

Part 4.

친환경 가구를
만들어볼까?
– 가구 제작 과정

Part 5.

가구 공방을
창업해볼까?

Part 1.

목공 DIY 어떻게 시작할까?

1. 목공은 너무 힘들지 않나요?

주 5일 근무제가 시행되고, 또 DIY 열풍이 불면서 사람들이 큰 관심을 갖게 되는 분야가 바로 목공木工이다. 내 손으로 직접 가구를 만드는 일만큼 매력적인 작업이 또 있을까? 얼마 전 목공 아카데미를 열자마자 1백 명 정도가 찾아와 상담을 받았을 정도로 관심들이 대단했지만, 애석하게도 실제 배우려는 이는 열에 한두 명뿐이었다. 왜 그럴까? 목공을 배우고 싶어하면서도 선뜻 실행에 옮기지 못하는 이유, 그건 바로 두려움 때문이다. 목공은 정말 쉽고 재밌다! 단, 열정만 있다면! 배우고픈 마음은 굴뚝같지만 선뜻 나서지 못하는 이들을 위해, 목공에 대한 오해와 편견을 하나하나 풀어볼까 한다.

Q. 목공은 어렵지 않나요?

A. 예를 하나 들어볼까요? 우리가 운전면허를 딸 때, 처음부터 운전대를 잡진 않

죠? 마음이야, '마이 카'를 타고 해안도로를 달리며 한 손으로 핸들을 잡은 채 경치도 보고 바람도 맞으며 멋지게 드라이브하고 싶겠죠. 하지만 실제로는 어떨까요? 운전 이론서를 달달 외워 상식을 익혀야 하죠. 물론 주행에서도 언덕 넘기, 커브 돌기, 교통신호 엄수, 주차 등 전 과정을 거칩니다. 목공도 마찬가지입니다. 왕초보가 무턱대고 고급 기술인 짜맞춤 방식으로 가구를 만들겠다고 고집을 부린다면 가구 만드는 과정이 쉽고 재밌기는 힘들겠죠. 욕심을 버리고 차분히 기초부터 배우겠다는 자세만 갖춘다면 전혀 어렵지 않습니다. 공간박스나 아주 간단한 선반부터 만들어봐야, 나중에 더 어렵고 복잡한 가구도 척척 만들 수 있다는 점을 유념하세요.

Q. 어디서 목공을 배우죠?

A. 취미로 가볍게 시작하려는 분들은 책을 통해 공부하거나 집 근처 가구 공방을 방문해 전동드릴과 나사못을 이용해서 간단한 가구를 만들어보고, 자기만의 디자인으로 완성도 높은 가구를 만들고 싶다면 목공 아카데미를 추천합니다. 이도 저도 다 자신 없다면 손잡이닷컴www.sonjabee.com 과 만들고www.mandulgo.kr 같은 DIY 사이트의 일일 목공 강좌에 참여해보세요. 한두 번 경험하다보면 적성과 맞지 않는다는 결론이 날 수도 있고, 또 그간 몰랐던 자신의 목공 재능을 발견할 수도 있으니까요. 만약, 목공이 정말 재미있다고 느껴진다면 목공 커리큘럼이 잘 짜인 가구 공방에서 본격적으로 배워보세요. 이 책 67쪽에 가구 공방 정보가 나와 있으니 참조하기 바랍니다.

Q. 목공은 돈이 많이 드나요?

A. 목공을 처음 시작할 때 필요한 최소한의 공구는 톱과 전동드릴, 나무망치 정도입니다. 전동드릴은 선반을 달거나 문짝의 경첩이 헐거워졌을 때, 싱크대 문에 달려

있는 숨은경첩을 고정할 때 등, 가구 제작 외에도 집에 있는 가구에 달린 하드웨어를 고치거나 나사못으로 고정된 물건들을 수리할 때 요긴하게 쓰입니다. 공간박스나 선반 등은 드릴과 나사못만으로도 만들 수 있습니다. 생각보다 간단하죠? 이런 필수 공구들을 전부 구입하는 데는 생각보다 적은 돈이 듭니다.

이것마저 구입비용이 아깝다면, 한번 이렇게 생각해봅시다. 좋은 사진을 찍으려면 카메라에 욕심을 내죠. 스키나 스노보드를 배울 때도 장비를 구입해야 합니다. 마찬가지로 목공도 기본 공구를 갖추려면 비용 지출을 감당해야 합니다. 닳아없어지는 것들이 아닌 이상, 한번 구입하면 오래도록 사용 가능하죠. 거기다 자기 손에 길든 공구를 쓰는 희열 또한 만만찮죠. 세상에 하나뿐인 나만의 공구이니까요.

그렇다고 처음부터 큰 욕심을 부리라는 뜻이 아닙니다. 남자들은 대개 장비 욕심을 많이 내는데, 비싼 공구들을 모두 구입하려면 억 소리가 나죠. 저 역시 장비 욕심을 부리다보니 지출이 만만치 않았습니다. 그러니 처음 배우는 분들은 저가의 공구부터 사용해 손에 익히세요. 고가의 장비는 반드시 그 값어치를 하지만 숙련도가 필요합니다. 충분히

연습하고 난 다음 장비를 하나씩 업그레이드하는 뿌듯함도 느껴봐야 하지 않겠습니까. 물론 부쩍 는 공구 다루는 솜씨야 덤이죠, 덤.

Q. 목공은 시간 잡아먹는 귀신이라던데요?

A. 세상에 공짜는 없습니다. 무언가를 잘하려면 시간과 노력은 필수입니다. 목공에 관심이 있다면 공구 사용법을 익히고, 나무의 특성을 파악하는 건 기본이죠. 그럼 제작 시간을 따져볼까요? 간단한 공간박스나 책꽂이 등은 초보자도 몇 시간만 투자하면 뚝딱 만들 수 있습니다. 좀더 부피가 큰 가구들은 시간이 더 걸립니다. 하지만 생각해보세요. 한번 만든 가구는 최소한 5~6년은 두고두고 씁니다. 거기다 용도에 맞는 나무 선택하랴, 나사못 확인하고 조립하랴, 본드로 붙이랴, 샌딩하랴, 색 입히랴, 각 과정마다 정성의 연속입니다. 그러니 소요되는 시간쯤은 '행복한 기다림' 으로 다가오지 않을까요?

좀더 구체적으로 예를 들어 설명해보겠습니다. 집에서 작은 탁자를 하나 만들고자 합니다. 인터넷에서 목재를 주문해서 방금 받았습니다. 그럼 물건을 살펴봅니다. 빠진 게 있는지, 잘못된 곳은 없는지, 주문한 대로 목재 사이즈가 정확히 재단되었는지, 어림잡아 1시간 남짓 걸리겠죠. 그다음은 본격적인 가구 조립에 앞서 나사못 넣을 위치를 샤프로 그어주는 마킹 작업을 합니다. 역시 1시간 남짓 소요됩니다. 이번에는 조립을 합니다. 가구의 사이즈마다 다르지만, 부재의 수가 많다면 조립 시간은 더 오래 걸리겠죠.

제 경우 초보 때 600mm 크기의 탁자 조립에 2~3시간 소요됐으니, 이쯤 잡아보죠. 이번엔 본드칠을 할 차례입니다. 유명한 본드 제품인 '타이트' 의 경우 오리지널은 본드가 굳는 데 최소 4시간 정도 걸립니다. 이 단계까지 걸리는 시간도 만만찮죠. 퇴근 후 짬짬이 작업한다면 시간은 더 늘어날 테고, 주말에 집중적으로 한다면 대략 토요일에 마킹과 조립을, 일요일에 1~2시간 샌딩 후 페인트나 오일을 바르겠죠. 페인트나 오일도 제품마다 건조 시간이 다르지만 대개 하루 정도 걸립니다.

이렇듯 가장 기본적인 방법으로 가구를 만든다고 생각하면, 이틀 정도 소요됩니다. 물론 빨리 굳는 본드나 빨리 마르는 페인트를 쓰면 하루 안에 가구를 만들 수 있지만 경제적인 부담을 생각하지 않을 수 없겠죠. 만약 전통 방식으로 가구를 만든다면 당연히 시간이 더 많이 필요합니다. 때문에 처음 시작하는 분들에게 권하고 싶지는 않습니다. 간단하게 나사못을 이용해서 가구를 만들 수도 있으니 초보자들은 쉬운 것부터 시작하세요. 작은 가구부터 차근차근 만들어가다보면 작업 속도가 늘어나면서 만드는 기간도 줄어들 것입니다. 물론, 흥미도 쭉 지속되고요.

Q. 수공구는 꼭 쓸 줄 알아야 하나요?

A. 나사못을 이용해 가구를 만들 때도 전동공구와 클램프 등을 써야 합니다. 그렇게 되면 최소한의 장비로도 가구를 만들 수 있습니다. 하지만 몇 작품 만들다보면 짜맞춤 방식으로 가구를 만들어보고 싶은 욕구가 생깁니다. 그럴 때 수공구가 필요합니다. 대표적인 수공구라 하면 끌, 대패, 톱을 들 수 있죠. 기계로 목재를 가공한 후 섬세한 마무리 작업에는 끌이, 목재 집성 후 평면 잡기에는 대패가, 목재를 자를 때는 톱이 필요하거든요. 하지만 앞서 말씀드렸듯이 처음 목공을 배울 때는 톱, 전동드릴, 나무망치 정도면 충분합니다.

수공구는 목공 작업이 어느 정도 익숙해진 중급 이상의 실력을 갖춘 분들에게 필요하다고 볼 수 있죠. 일단 처음부터 수공구 사용은 염두에 두지 마시고, 점차 실력이 붙는 것 같다 싶으면 끌, 대패, 톱을 준비하세요. 디자인 요소가 가미된 장식적인 가구를 만들 때는 이 세 가지 공구가 꼭 필요하거든요. 그러니, 만약 본인이 수공구를 써서 가구를 만들 수 있다면 이미 중급자 이상의 실력을 갖춘 겁니다.

그렇게 되면 슬슬 '지름신'이 찾아옵니다. 공구에 대한 욕심이 생기거든요. 수공구의 가격은 몇 천 원짜리부터 몇 십만 원이나 하는 공구까지 가격차가 실로 어마어마합니다. 하지만 초보라면 저렴한 수공구를 사세요. 왜냐하면 가구를 만드는 대부분의 공구들은 날이 있습니다. 그 말은 즉 소모품이라는 거죠. 소모품은 쓰다 버리는 것입니다. 거기다 번거롭게도 항상 날을 갈아줘야 합니다. 그래서 끌질이나 대패질을 할 때는 숫돌도 장만해야 합니다. 곁에 두고 작업하면서 갈아서 쓰는 게 가장 좋거든요. 그러니 수공구를 다룰 수 있도록 숙련에 숙련을 거듭해야 함을 숙지하세요.

Q. 좁은 공간에서도 목공 작업이 가능한가요?

A. 예, 물론 가능합니다. 실제로 집에서 가구를 만드는 분들이 꽤 많습니다. 아파트의 경우 '베란다 공방'이라고 해서 베란다에서 작업하는 분도 있고, 자택 옥상이나 마당에서 작업하는 분도 있어요. 다만 권장하고 싶지는 않네요. 가구를 만들다보면 소음과 먼지가 엄청나거든요. '먼지야 좀 먹으면 되고, 이웃 눈치야 좀 보면 되지'라고 생각한다면 집에서 만들어도 좋지만, 이왕 목공을 제대로 배울 거라면 공방을 찾아보는 것이 좋을 듯싶네요. 공방장과의 정보 교환이 도움될 수도 있고, 같은 취미를 가진 이들과 어울려 좀더 근사한 가구가 탄생될 수도 있으니까요.

Q. 공방마다 목재 가격이 왜 다른 거죠?

A. 인터넷 쇼핑몰 많이들 이용하시죠? 같은 티셔츠라도 쇼핑몰마다 가격이 천차만별이죠? 목재 비용도 마찬가지입니다. 목재 비용에는 인건비와 재단비, 보관비가 포함되는데, 일괄 책정되는 건 아닙니다. 또, 공방의 운영 방식에도 영향을 받기 때문에 당연히 다를 수밖에 없습니다. 공방들은 기본적으로 상업을 위한 곳이거든요. 이익을 추구

한다는 말이죠. 때문에 나무 가격을 책정하는 방식은 공방마다 다릅니다.

사견입니다만, 우리나라는 기술직에 대한 인식이 외국과 조금 다른 듯합니다. 특히 인건비에 대한 인식이 부족해서, 어떤 공방에서는 나무를 재단해서 파는데 그 가격이 나무 값인 줄 아는 분도 계셨답니다. 목재를 팔 때 설명이 부족했던 거겠죠. 목재 비용은 앞서 언급했듯이 재단해서 팔 경우 재단비와 노동력이라는 인건비가 포함됩니다. 즉 나무의 원자재 값+재단비+인건비+보관비 등이 들어간다고 보면 됩니다. 그러니 좀더 질 좋은 목재를 저렴하게 구입하고 싶다면, 발품과 손품을 부지런히 파는 수밖에요.

Q. 가구 도면은 너무 복잡해 보이는데, 꼭 그려야 하나요?

A. 네. 가구 도면은 꼭 필요합니다. 시장 볼 때, 무턱대고 사다보면 예산초과되기 일쑤죠? 간혹 꼭 필요한 물품을 빼놓기도 하고요. 그래서 구입 목록을 미리 써보곤 하잖아요. 가구 도면은 장보기에서 구입물품 메모와 같은 역할을 하죠. 완벽한 가구를 만들려면 도면 그리기와 수정을 거듭해야 합니다. 실수를 줄이는 최상의 방법이니까요. 이

것저것 다 귀찮다고 도면 작성 과정을 생략하다보면 중간 중간 고비를 겪을 겁니다. 나 사못이 빠졌다거나, 나무 재단을 번복해 목재를 버린다든가 하는 식으로요. 그러니 귀찮 더라도 꼭 그리기를 권합니다.

그렇다고 도면 그릴 때 꼭 복잡한 캐드cad 작업을 고집할 필요는 없습니다. 모눈종이 에 연필로 쓱쓱 그려도 되고, 이것도 어렵다면 그냥 연습장에 대강의 구조만 그려 공방장 에게 보여주세요. 친절히 옆에서 도면 작업을 도와줄 겁니다. 저는 전공이 건축학이다보 니 캐드 작업이 친숙하지만 도면을 한 번도 그려본 적이 없는 분들에게는 다소 어렵겠지 요. 처음에는 연필로 대강 그려보다가 점차 자기에게 맞는 프로그램을 찾아 컴퓨터로 정 교한 도면을 만들어보는 것이 좋습니다. 도면 작성은 처음에 많은 시간과 노력이 들어가 금세 포기하고 싶어할 수도 있지만 시간이 지나다보면 어느 순간 쉽게 가구 도면을 완성하 는 자신을 발견하게 될 것입니다. 그 유용함이야 목공 선배인 제가 보증합니다.

Q. 목공은 독학으로도 가능하지 않나요?

A. 물론 가능합니다. 자신의 노력 여하에 따라 혼자서도 훌륭한 작품을 만들 수 가 있습니다. 가능은 하지만, 그렇게 되기까지 하지 않아도 되는 수많은 시행착오를 겪 어야 하고 엄청난 시간이 들겠죠. 실수야 배우는 한 과정으로 받아들이면 되기 때문에 큰 문제가 안 되지만, 공구 사용을 제대로 익히지 못한 상태에서 작업하다가 다치기라도 하면 큰일이지요. 날카로운 날을 가진 톱이나 끌도 그렇고, 엄청난 힘으로 돌아가는 트 리머나 지그쏘 날에 자칫 손가락이 닿기라도 한다면……. 그 뒤는 여러분 상상에 맡기겠 습니다.

다른 사람들과 함께 공방에서 가구를 만들거나 공방 선생님으로부터 공구 사용법을 배우게 되면 그 위험성을 미리 경고받을 수도 있고, 공구를 잘못 활용할 때 지적을 받아

고칠 수도 있지만, 혼자서는 아무래도 한계가 있지요. 외국에 비해 목공 책이나 자료가 많지 않은 점도 독학의 어려움 중 하나입니다. 그리고 톱이나 대패 같은 수공구는 처음 사용법을 잘못 배우면 나중에 자세를 교정하기가 무척 힘듭니다. 짜맞춤 방식으로 가구를 만들 때 톱질은 무척 중요한데, 이 톱질을 제대로 하지 못하면 완성도 높은 가구 제작이 어렵다고 볼 수 있습니다. 간단한 공구로 작은 크기의 가구를 집에서 만들 때는 별 무리가 없겠지만, 많은 전동공구와 수공구를 사용해 부피 큰 가구를 만들게 되면 꼭 주변의 목공 선배나 공방장의 도움을 받아 '안전 목공' 하기를 바랍니다.

Q. 목공은 여자가 하기에 힘들지 않나요?

A. 여자는 힘이 없다? 물론 그렇지도 않습니다. 그렇다고 여자가 힘이 센가요? 그것도 아니겠죠. 사람마다 차이가 있을 수 있습니다. 지인 중에는 여자분 둘이 공방을 운영하기도 하고요. 물론, 무거운 자재를 옮기거나 부피가 큰 가구를 제작할 때는 주변 도움을 받기도 하지만, 그 외에는 문제가 없습니다. 이렇듯 상황에 맞춰서 공방을 운영하면, 여자라서 하기 힘들다고 말할 수는 없겠죠. 나무를 자르고, 들고, 나를 때에만 도움을 받고, 그 이후부터는 혼자서도 척척 해나갈 수 있거든요.

실제로 제가 목공 아카데미를 다닐 때도 같이 공부하는 이들 중 여성이 더 많았습니다. 그리고 목공은 섬세한 작업이라 실용성이나 디자인 측면에서 보아도 여성분들에게 좀더 이점이 있다고 봅니다. 아무래도 가구는 남자들보다 여성분들이 주로 사용하게 되니까요. 솔직히, 도면 프로그램이나 기계 공구류의 활용은 남자분들이 좀더 친숙하게 받아들이는 편이지만, 시간이 지나면 남녀 성별의 문제가 아니라 누가 얼마나 많은 노력을 기울였는가에 따라 목공 기술의 숙련도가 달라집니다. 결론은 목공에 대한 '열정'과 '노력'이 더 중요하다는 것입니다.

2. 가구는 어떻게 만들어질까?

가구 만들기는 쉽다면 쉽고 어렵다면 어렵다고 할 수 있습니다. 예를 들어 테이블을 하나 만든다고 할 때 재단된 나무를 가지고 전동드릴로 나사못을 박아 만든 후 페인트를 칠하면 하루 만에도 완성할 수 있고, 끌과 대패 같은 수공구를 이용해 짜맞춤 가구를 만들려면 한 달 이상도 걸릴 수 있습니다. 여기에서는 비교적 가구 만드는 과정을 세밀하고 구체적으로 소개하겠습니다.

❶ 가 구 디 자 인

보통 집에서 쓰는 가구를 '실용 가구'라고 합니다. 기성제품 대부분이 그러한데, 대개 가정에서 쓰는 가구들은 규격이 비슷비슷하죠. 그런데 사용하다보면 한두 가지 마음에 안 드는 부분이 생기게 마련입니다. 책장만 해도 어느 부분은 좀더 길이가 짧았으면 좋겠고, 선반을 한두 개 더 놓았더라면 공간 활용이 됐을 거란 아쉬움이 들기도 하죠. '이 가구는 여기가 불편하네, 저기는 저렇게 하면 더 좋았을 텐데' 하는 생각도 듭니다. 저 역시 가구를 만드는 입장이라, 눈에 띄는 가구마다 이 부분이 걸리고, 저 부분은 좀 아쉽고, 그 부분은 어떠하다며 흠잡기를 하죠.

이렇게 하나하나 소소한 불만이 쌓이다보면, 나만의 '맞춤 가구'를 갖고 싶다는 욕구가 생깁니다. 그래서 찾게 되는 곳이 바로 가구 공방이나, DIY 제품 판매처죠. 그렇다고 무턱대고 가서 설명을 하거나 만들어보려면 제대로 원하는 가구를 만들 수 있을까요? 물론, 불가능합니다. 자신이 직접 가구를 만들려고 해도, 공방에 주문 제작을 의뢰하려 해도 만들고 싶은 가구 디자인을 머릿속에, 혹은 스케치로 가져가야 합니다. 머릿속 생각을 바로 옮기려면 힘들 듯이, 디자인도 잘하려면 많은 가구를 눈으로 보고, 또 직접 그려봐야 합니다. 그래야만 무엇이 필요한지, 어떤 디자인이 더 좋은지 알 수 있으니까요. 무형의 생각을 유형의 디자인으로 옮기는 가장 흥미진진한 단계이죠.

제 경우는 가구 제작 기간을 100으로 놓고 볼 때, 50 이상은 디자인에 할애합니다. 그리고 사물에서 영감을 받거나 건물의 모티브motive를 따옵니다. 2008년 프로젝트 전시회에 '나비'를 주제로 세 작품을 만들었죠. 애벌레의 모습, 평원을 날아다니는 모습, 그리고 원숙한 나비의 아름다운 모습을 표현하려고 했죠. 물론, 전체가 아닌 부분적인 형태에서 디자인을 따와서 가구에 접목시켰습니다.

물론 저처럼 많은 디자인 과정을 거쳐 만들기도 하지만, 취미로 가구를 만든다면 스케치북에 쓱쓱 그려보기를 권합니다. 가령 테이블을 만들고 싶다면 가장 기본적인 형태를 그려보세요. 테이블이니까 당연히 상판과 다리가 있을 겁니다. 다리와 다리를 연결하는 보강재도 있겠네요. 이런 식으로 시작해서 상판의 모양을 원형으로 한다든가 다리 모양을 바꾼다거나 보강재에 변화를 주면 색다른 디자인이 완성됩니다. 이리저리 구성하

가 구 만 드 는 과 정

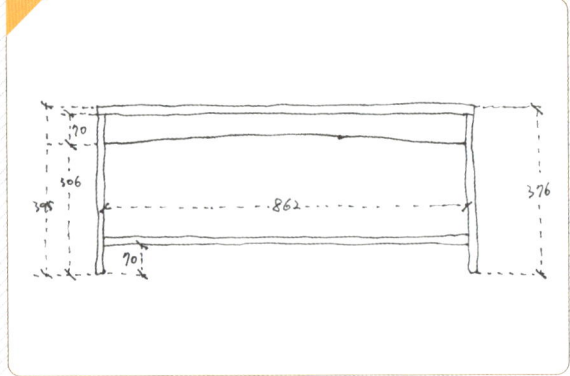

❶ ❷ 가구 디자인 및 도면 작성

❸ 나무 재단

❹ 목재 가공

❺ 가구 조립

❻ 사포 샌딩

❼ 도장 마감

고 수정하다보면 점차 마음에 드는 형태가 갖춰집니다. 한 가지 당부하고픈 점은, 스케치할 때 일단 만들기의 어려움은 잠시 미뤄두세요. 정말 어처구니없는 방법만 아니라면 대부분 만들 수 있으니까요.

❷ 가 구 도 면 작 성

디자인이 완성됐다면 치수를 넣는 작업을 해야겠지요? 치수 기입은 도면에 생명력을 불어넣는 작업이라 할 만큼 중요합니다. 완벽한 도면은 곧 좋은 가구를 만드는 바탕이 되니까요. 도면 없이 작업하는 분도 있는데, 천재가 아닌 이상 끝없는 시행착오를 겪게 될 겁니다. 머릿속으로 모든 걸 완벽하게 계산하는 일은 불가능하거든요. 물론, 간단한 소품은 도면 없이도 쉽게 만들 수 있지만, 이 역시 초보자에겐 힘든 작업이지요. 그러니 도면은 꼭 그려야 합니다.

이해가 쉽도록 예를 들어보죠. 가장 많이 만드는 가구인 테이블을 예로 들자면, 우선 기본 치수를 알아야겠죠. 테이블은 보통 최종 높이가 730~750mm 정도입니다. 730mm일 때를 기준으로, 테이블의 상판 두께는 보통 18mm, 24mm, 혹은 30mm 정도입니다. 상판 두께를 18mm로 정한다고 하면 '730-18=712'란 숫자가 나옵니다. 그럼, 서랍도 넣어봅시다. 보통 테이블에 앉을 때 다리를 꼬고 앉기도 하죠. 이때 부딪히지 않는 수치를 고려해야 합니다. 제 경우 바닥에서 의자에 앉아 다리를 꼬는 높이를 대개 650mm 정도로 합니다. 그럼 서랍 높이 사이즈는, '712-650=62' 입니다. 이런 식으로 비례가 알맞으면서도 사용하기 편리한 치수를 정해 가구의 치수를 하나씩 정해나가면 됩니다. 그래도 잘 이해가 안 된다면 줄자를 이용해 집에 있는 가구 치수를 재어보세요. 쉽게 이해가 될 겁니다.

❸ 나 무 재 단

도면 작업을 바탕으로 이제 나무를 재단해야 합니다. 가정에서 원형톱으로 나무를 재단하기에는 소음이나 안정상의 문제가 있어 요즘엔 대부분 DIY 온라인숍에 나무 재단을 맡기는 경우가 많지요. 하지만 작은 크기의 나무나 잘못 재단된 부재는 직접 톱으로 잘라야 합니다. 그래서 가구 만들기 중에서 톱질은 가장 기초적이면서 중요하다고 할 수 있습니다.

인터넷 업체에 나무를 주문할 때에는 보통 '목취도'라는 프로그램을 이용합니다. 구입하고 싶은 목재를 목취도를 이용하여 그려서 주문하면 업체에서 잘라서 집까지 배송해주는 시스템입니다. 목취도를 그릴 때 주의할 점은 재단선을 한 번에 쭉 이어줘야 한다는 겁니다. 업체에서 보통 테이블쏘라는 기계를 이용해 재단을 하는데, 이 기계는 테이블 판 위에 톱날이 나와 있습니다. 때문에 일단 재단을 하면 경로를 바꿀 수 없습니다. 그러니 처음부터 끝까지 한 번에 밀고 나가야 한다는 점을 감안해 재단선을 체크해야 합니다. 또한 칼날의 두께도 고려해야 합니다. 원하는 사이즈로 자를 때 칼날의 두께가 3mm라면 그만큼이 절단되어 나가는 것이므로, 절단되는 총 두께도 고려해야 원하는 사이즈의 나무를 얻을 수 있습니다.

❹ 목 재 가 공

나무를 배달받으면 목재들이 도면대로 맞게 잘렸는지 확인을 하고 나사못 박을 자리를 마킹합니다. 그다음엔 목재를 가공하는 순서입니다. 가공은 넓은 의미에서 보면 목재에 어떠한 형태적 변형을 일으키는 것이라고 할 수 있습니다. 예를 들어 정재단한 부재들을 끌이나 대패 혹은 지그쏘나 트리머를 이용해서 원이나 하트 같은 모양으로 변형시켜 가공합니다. 짜맞춤 방식으로 가구를 만들려면 목재와 목재를 연결해야겠죠. 예를 들어 다리와 보강재를 연결시키려면 다리에는 홈을 파야 하고 보강재에는 촉을 만들어야 합니다. 이러한 작업을 목재 가공이라고 합니다.

❺ 가 구   조 립

목재 가공이 끝났다면 그다음은 각 부재를 연결하는 조립 작업이 필요합니다. 본격적인 조립에 앞서 가조립을 해보는 게 중요합니다. 말 그대로 조립하기 전 클램프처럼 고정시킬 수 있는 공구를 이용해 미리 완성된 가구 형태를 보는 거죠. 가조립을 해보면 잘못 가공된 부재나 가공이 안 된 부분을 알아낼 수 있어 실수를 방지할 수가 있습니다. 조립하는 도중에 잘못 가공된 부재를 발견하게 되면 곤란하니까요. 가조립 후 문제가 없다면 본드와 나사못을 이용해 조립을 합니다. 머릿속에 구상한 가구가 드디어 제 모습을 드러내는 과정으로 뿌듯한 마음이 들게 된답니다.

❻ 사 포   샌 딩

본드와 나사못을 이용해 가구 조립을 마쳤다면 거칠거나 지저분해진 목재 표면을 곱게 사포로 샌딩해야 합니다. 먼지가 가장 많이 나는 과정이기도 하죠. 샌딩은 가구의 완성도를 높이는 데 아주 중요합니다. 조립할 때 면이 안 맞거나 목재 결합이 안 맞을 때 어느 정도 보완할 수 있거든요. 한마디로 실수를 만회할 기회이지요. 또한 사포로 표면을 곱게 다듬어놓아야 페인트나 오일 등의 마감재가 잘 흡수되기 때문에 빼놓을 수 없는 중요한 과정이라고 할 수 있습니다.

❼ 도 장 마 감

드디어 마감 과정입니다. 도장은 그야말로 시간과의 싸움이죠. 조립 후 도장을 어떻게 하느냐에 따라 오랜 시간이 소요되니까요. 그런데 왜 나무를 그대로 두지 않고 도장 마감을 하는 것일까요? 첫번째 이유는 목재의 표면을 강화시켜 가구를 오래 쓰기 위함이고, 두번째는 나뭇결을 살리거나 좋아하는 컬러를 입혀 아름답게 꾸미기 위함입니다. 예전에는 동백기름을 가구 마감재로 많이 사용했습니다. 동백기름을 발라줄수록 나무의 색이 깊어지거든요. 요즘은 페인트나 오일, 스테인 등의 마감재를 주로 쓰는데, 마감재의 종류에 따라 도장 방법과 건조 시간이 다릅니다. 도장은 기본적으로 2회 정도 진행하므로 최소한 이틀 정도의 여유를 두고 천천히 작업하는 것이 좋습니다. 잘 건조되기 위해서는 흐린 날보다는 맑은 날에 작업하는 것이 낫다는 점도 잊지 마세요.

3. 나무에 대해 공부하자

나무의 기본 성질을 모르고서 가구를 만들 수 있을까요? 어떤 나무를 써야 더 튼튼한지, 변형을 막으려면 어떻게 해야 하는지 등을 알아야 제대로 된 가구를 만들 수 있겠죠. 이번에는 나무에 대해 공부해보겠습니다. 학창 시절, 자연 시간에 배웠던 내용들도 조금씩 생각날 텐데요. 그때의 기억을 더듬어가며 좀 지루할 테지만, 확실한 가구 디자이너가 되기 위한 탄탄한 기초 다지기 작업이라 생각하시고 함께 공부해봅시다.

나 무 살 펴 보 기

어릴 적 누구나 한 번쯤 읽어본 책『아낌없이 주는 나무』를 기억하실 겁니다. 저도 무척 아끼는 책인데, 특히 마지막 장면이 오래도록 기억에 남습니다. 모든 걸 다 준 나무가 밑동마저 내어주며 의자가 되어주지 않습니까. 갑자기 이 얘기를 왜 꺼내는지 궁금하실 텐데요, 바로 '밑동' 때문입니다. 가끔 산에 오르거나 할 때면 잘린 나무의 밑동을 보게 되는데요, 가장 눈에 띄는 것이 바로 나이테죠. 나무의 나이테는 그 나무가 얼마나 오래되었는지를 가늠하는 척도입니다. 그런데 가만 살펴보면 나이테의 간격이 좁은 부분도 있고 넓은 부분도 있습니다. 이건 기후와 관련됩니다. 나무는 계절에 따라 성장 속도가 달라지는데 대개 봄에 자라는 층과 가을에 자라는 층으로 나누죠. 사계절이 뚜렷한 우리나라에서는 봄·여름에 자라는 층은 기후조건이 좋으니 성장 속도가 빨라 나이테가 넓고, 가을·겨울은 성장 속도가 더뎌 나이테가 좁아집니다.

나무를 잘라서 목재로 사용할 때 겉껍질만 잘라내고 가공해 바로 사용할까요? 물론 아닙니다. 나무에는 변재와 심재라는 부분이 있는데, 껍질 주변 부분인 변재sapwood는 새롭게 형성되어 영양분을 공급하거나 저장하는 공간으로, 보통 가구 제작에는 안 쓰입니다. 부재의 수축팽창이 심하거든요. 심재heartwood는 자라나는 나무의 안쪽, 즉 나무의 중심 구조를 형성하는 곳입니다. 시간이 흐르면서 나무가 자라기 때문에 변재가 심재로 변하므로 심재의 색깔이 변재보다 짙습니다.

가구에 주로 쓰이는 나무의 종류

우리나라의 나무들 중 가구를 만들 때 쓰이는 것은 가래나무, 감나무, 굴참나무, 느티나무, 단풍나무, 돌배나무, 대추나무, 물오리나무, 물푸레나무, 박달나무, 밤나무, 버드나무, 산벚나무, 산뽕나무, 상수리나무, 소나무, 금강송, 아까시나무, 오동나무, 은행나무, 자작나무, 잣나무, 전나무, 졸참나무, 주목, 참죽나무, 피나무, 향나무, 호두나무 등이 있습니다. 이중 가장 많이 쓰이는 나무로는 단풍나무와 소나무, 물푸레나무, 오동나무, 은행나무 등이죠. 하지만 우리나라 나무는 너무 비싸서 저도 은행나무나 참죽, 단풍나무, 물푸레나무 정도만 사용해봤습니다. 거기다 자신이 심은 나무도 허가를 받아야 벌목할 수 있으니, 우리 나무를 사용하기란 정말 어렵죠. 거기다 심심찮게 들려오는 산불 소식은 정말 가슴이 아픕니다.

그렇다면, 주로 사용하는 외국 나무는 어느 것이 있을까요? 활엽수로는 삼나무, 전나무, 소나무, 낙엽송, 스프러스(가문비나무), 주목 정도가 있습니다. 취미로 목공예를 하는 분들이 가장 많이 쓰는 나무가 소나무 과로, 레드 파인이나 스프러스를 이용합니다. 우리가 많이 쓰는 레드파인은 브라질산 소나무로, 변재와 심재의 구분이 뚜렷하다는 겁니다. 보통 스프러스라고 알려진 가문비나무는 유럽과 북미에서 많이 생산되며, 보통 미국산을 사용합니다. 스프러스는 변심재의 구분이 뚜렷하지 않고 가공성도 대체로 우수한 편입니다.

목재의 종류

· 소프트우드와 하드우드

저는 초보자들에게 나무를 나누는 방법을 설명할 때, "단단한 나무(하드우드)와 무른 나무(소프트우드)"라고 합니다. 소프트우드soft wood는 옹이가 있는 것과 없는 것의 가격 차이가 있습니다. 옹이가 있는 것을 유절有節, 없는 것을 무절無節이라고 하며, 접합 형 태에 따라 솔리드solid, 탑 핑거top finger, 사이드 핑거side finger로 나눕니다. 소프 트우드로 만든 가구를 살펴보면 무늬만 길게 뻗은 것들은 솔리드, 절단면이 보이면 사이 드 핑거, 그리고 상판에 톱니 모양이 있는 것은 탑 핑거라고 보면 됩니다. 가 격은 대개 '솔리드 〉 사이드 핑거 〉 탑 핑거' 순이지요. 그리고 옹이가 있는 것과 없는 것에도 차이가 있습니다. 옹이가 있는 곳은 가공하기가 쉽지 않고 구조적으로 취약한 부분이 생기기 때문입니다. 많은 분들이 옹이가 있는 부 분이 자연스럽고 예쁘다고 합니다만, 디자인 측면에서 보았을 경우만이죠. 소프트우드 가구를 구입할 때 되도록 옹이가 없는 것을 사야 오래 쓰고 변형 도 적습니다.

이번에는 하드우드hard wood에 대해서 알아볼까요? 하드우드의 종류는 그야말로 수없이 많아, 우리가 많이 들어본 오크, 물푸레나무, 밤나무, 라임, 장미목, 흑단, 부빙가 외에도 아프로모시아, 오리나무, 발사목, 참피나무, 너도밤나무, 자작나무, 블랙빈, 블랙우드, 회양목, 비터넛, 벚나무, 코코볼 로, 마호가니, 오비치, 라민, 단풍나무, 호두나무 등이 있습니다. 물론, 이 모든 나무를 다 사용할 수 있는 건 아닙니다. 보호해야 할 수목도 있거든요. 저는 주로 북미산 하드우드를 가공해 사용하는데, 레드 오크, 화이트 오크, 월넛, 애시, 체리 하드 메이플 정도를 쓰고 있습니다.

▶ 소프트우드(위)와 하드우드(아래)
소프트우드는 손톱 자국이 쉽게 날 정도로 무르다.

원목은 사이즈가 천차만별입니다. 보통 6~12자(1800~2400mm)의 길이에, 폭은 제각각입니다. 두께도 1~2인치를 많이 사용합니다. 이처럼 소프트우드와 하드우드는 재단할 때부터 차이가 나고, 가공은 물론이요 가격 면에서도 차이가 많이 납니다. 소프트우드는 커다란 판재로 공급되어 원하는 크기로 재단만 하면 되지만, 하드우드는 폭이 좁아 커다란 판재로 만들기 위해 집성을 하고 평면을 잡아야 하는 수고가 들지요. 그만큼 하드우드로 가구를 만들 때는 시간과 노력을 투자해야 합니다.

◦ 합성판재 – MDF, 코어합판, 베니어합판

합성판재는 MDFmedium density fiberboard, 코어합판core board, 베니어합판veneer board이 있는데, 모두 인공적으로 만든 판재들입니다. 물론, 인공적으로 만들었기 때문에 변형은 없습니다. MDF는 섬유질을 접착제를 이용해서 붙여 만든 판재로, 조직이 균일해 깨끗한 가공을 할 수 있습니다. 표면이 매끄러워 무늬목을 붙이거나 페인트 칠 작

업도 수월하죠. 그런데 접착해서 만든 판재이다보니, 접착제에서 인체에 해로운 포름알데히드 성분이 나오는 게 문제죠.

요즘에는 e1급 친환경 MDF로 만든 가구가 등장하기도 합니다. e1급이 무엇이냐고요? 우리나라의 친환경상품진흥원에서 인증해주는 e1등급은 포름알데히드 방출량이 리터(ℓ)당 0.5~1.5mg, E0급은 0.3~0.5mg입니다. 일본은 포름알데히드 방출량이 평균 0.5mg/ℓ 이하 최대 0.7mg/ℓ인 경우, 실내사용 면적 제한을 두고 있습니다. 그리고 세계적으로 이 규정이 강화되는 실정입니다. 우리나라는 2008년 10월 7일자로 e2급은 퇴출되었고, e1급을 쓰기 시작했습니다. 그러나 요즘 환경적인 요인으로 아토피성 피부 질환이 많아졌고, 친환경에 대한 관심도 아주 커졌죠. 건강을 생각하면 더 강화되어도 나쁘지 않겠지만, 대형 가구회사는 원자재 값의 상승으로 가구 가격을 더 올리겠죠. 그래도 건강이 최우선이라고 생각한다면 감수해야 할 부분인 듯싶습니다.

코어합판의 코어core는 합판을 구성하는 가운데 심판을 일컫는 용어입니다. 인테리어할 때 많이 쓰는 판재로, 간혹 가구재에 필름지나 무늬목을 붙여서 판매하기도 합니다. 두께는 7.5mm부터 25mm까지 다양한데, 이것 역시 포름알데히드 성분이 방출됩니다. 베니어합판은 접착제를 사용해 목재의 단판veneer을 여러 장 붙인 것을 뜻합니다. 접합할 때에는 섬유 방향이 서로 직교하도록 하고 홀수로 적층하여 접착을 시킵니다. 보통 3층, 5층으로 만듭니다. 여러 판재를 겹쳐서 붙이다보니, 코어합판에 비해 상당히 무겁습니다. 제가 공방을 인테리어할 때 코어합판과 베니어합판을 사용했는데 판재들을 나를 때 무게 차이가 나는 걸 확실히 느꼈습니다.

◦ 집성목

집성목은 원목을 일정한 간격으로 잘라 본드를 이용해서 붙여 만든 판재입니다. 기본 사이즈는 4(자)×12(자), 3(자)×7(자)이 있으며, 요즘은 치수를 밀리미터로 통일하였기 때문에 '1220×2440, 900×2100' 이렇게 표기를 합니다. 두께는 12~45mm인데, 가장 많이 쓰는 두께는 15~24mm입니다. 우리가 흔히 쓰는 레드 파인, 스프러스가 집성목으로, 보통 원목가구라고 불리기도 합니다. 정확하게 말해 소프트우드 가구라고 해야겠죠. 집성목은 가공이 쉬운 장점이 있습니다. 손톱으로 상판을 눌렀을 때 손톱자국이 날 만큼 무르거든요. 그만큼 쉽게 스크래치도 나지요.

화이트 오크

애시

뉴송

오동나무 판재

스프러스

MDF

자작나무 합판

코어합판

필름지 붙인 MDF

원 목 가 구 구 별 하 는 법

나무에 대해 잘 알지 못하는 분들은 가구 판매점에서 원목가구라고 하는 말을 그대로 믿
고 구입하는 경우가 있죠. 이는 판매자가 가구 소재가 소프트우드인지, 하드우드인지 설
명을 잘 하지 않기 때문입니다. 그냥 원목가구라고 설명할 뿐이죠. 웬만큼 나무에 대해
공부하였으니, 앞으로 가구 구입 때는 수종이 무엇인지를 꼭 물어보세요. 팁을 드리자
면 하드우드로 만든 원목가구에는 페인트칠(완전히 색을 입히는 작업)을 잘 하지 않습니다.
만약 색을 입힌다면 스테인(원목 자체의 결을 살려주며 색을 입히는 작업)을 칠하기도 하지

심재   변재

가구 끝면에
나이테가 보이면
원목이 맞습니다.
이 나무는 하드우드인
느티나무입니다.

요. 소프트우드 가구에는 스테인이나 페인트를 많이 사용합니다. 하지만 소프트우드로 만든 가구도 원목가구가 맞습니다. 단지 사용되는 목재가 소프트인지 하드인지의 차이 겠지요.

원목을 구별하는 가장 간단한 방법은 보통 '마구리면' 이라고 일컫는 나무의 끝면 쪽을 보면 됩니다. 그 부분에 나이테가 있으면 무늬목이나 필름을 붙인 가구가 아닙니다. 원목 테이블을 샀다면, 상판 옆단면을 보세요. 나이테가 보이면 원목가구가 맞습니다. 단지 소프트우드로 만들었는지 하드우드로 만들었는지의 차이는 있겠지요. 그리고 상판에 무늬가 있는 것은 판목결이라고 부르고, 무늬 없이 거의 일직선으로 된 나무를 정목결이라고 합니다. 판목결과 정목결이 나오는 이유는 제재 방법에 따라 달라집니다. 정목결은 판목결보다 변형이 적습니다. 그러나 판목결은 자연스러운 무늬가 나타나 외관상 정목결보다 화려합니다. 하드우드를 좋아하는 이유 중 하나가 자연스러운 무늬를 보고 싶기 때문이라고 생각합니다. 무엇으로도 따라할 수 없는 나무의 자연스러움이랄까요. 처음에 목공예를 시작할 때는 그냥 나무면 좋았는데, 지금은 나무를 조금 더 잘 알기에, 그 기쁨이 두 배인 것 같습니다.

목 재 구 입 요 령

목재를 구입하신다고요? 그렇다면 물론 용도와 만드는 가구의 종류는 정하셨겠죠? 아, 왜 이런 걸 물어보냐고요? 그건 가구의 쓰임새에 따라 목재가 달라지기 때문이죠. 목공 초보자는 하드우드를 구하는 게 쉽지 않습니다. 더구나 대패기계가 없을 때는 제재만 된 상태의 나무들을 가공하기가 쉽지 않죠. 게다가 목재소에서 낱개 판매도 하지 않고요. 그래서 처음에는 레드 파인이나 스프러스 같은 소프트우드를 구입해서 가구 제작을 시작하는 것이 좋습니다.

목재는 동네 목공소나 가구 공방에서 직접 나무를 보면서 구입을 해도 되고, 인터넷으로 주문해서 택배로 받는 방법도 있습니다. 나무 재단 서비스를 제공하는 대표 사이트로는 철천지, 툴크래프트, THE DIY 등이 있죠. 그리고 목재는 한 판 단위로 사는 게 저렴합니다. 그렇다고 필요한 양은 적은데 굳이 한 판을 살 필요는 없겠죠? 만들 가구가 1/2판 이상이면 한 판을 다 사고, 나머지는 보관했다가 집이나 근처 공방 등에서 재단하면 됩니다. 남은 목재는 휘어질 수 있으므로 세워서 보관하고 작은 목재들은 테이프로 감아두는 것이 좋습니다.

◦ 목 재 판 매 처

목공인들에게 유명한 '우드워커'라는 네이버 카페가 있습니다. 거기서 '목재 판매'로 검색해보세요. 여기에 소개된 곳은 직접 가본 곳도 있지만 주로 우드워커의 자료를 참조했으며, 가나다순으로 정리했습니다. 취미로 목공을 시작한 분들은 아래 사이트 중 목재 재단이 가능한 곳에서 주문하는 게 좋습니다. 아래 소개한 모든 사이트에서 재단을 해주지는 않습니다. 그럼에도 함께 소개한 것은 다양한 목재를 직접 보지는 못하더라도 사진으로 살펴보면 참고가 될 듯해 정보 차원에서 알려드립니다.

ㄱ

가가담목재 http://gagadam.co.kr 인천 남동구 고잔동
가림목재(GL우드) www.galimwood.com 인천 서구 오류동
경민산업 www.kmbeam.co.kr 인천 서구 가좌1동
경안목재 www.경안목재산업.kr 충북 청원 현도면 우록리
광명산업 www.kmindustry.co.kr 경기 포천 가산면 방축리
그린하우징 www.greenhousing.co.kr 경기 고양 덕양구 용두동

ⓛ

나무세상 http://woods.or.kr 경기 용인 처인구 포곡면 마성리

나무이야기 www.namuiyagi.com 부산 부산진구 전포1동

나무친구뜰 www.woodfriends.co.kr 인천 동구 송현동

남서울 우드 http://moonimok.co.kr 서울 강남구 논현동

ⓒ

다송 www.judasong.co.kr 경기 용인 모현면 갈담리

다우통상 www.daouwood.co.kr 인천 동구 송현동

다이야놀자 www.diyya.com 서울 동대문구 장안동

대동제재소 www.daedongwood.com 전북 임실군 오수면 오수리

대성목재 www.daeseongwood.com 인천 서구 경서동

대신특수목재 www.wood21.co.kr 인천 동구 송현동

대영건재 http://hapan.co.kr 인천 서구 백석동

대현우드 www.daihyunwood.co.kr 부산 강서구 송정동

대화휴먼앤홈 www.daehwawood.com 인천 서구 가좌동

더로스 http://theloss.co.kr 수원 권선구 당수동

데크세상 www.decks.kr 경기 용인 처인구 포곡읍 마성리

동광아이피 www.dongkwangip.com 경기 파주 광탄 용미리

동구나무목공방 www.namudiy.co.kr 충북 청주 흥덕구 산남동

동부목재 www.dongbuwood.co.kr 인천 동구 송현동

동신목재 www.namoojip.co.kr 인천 서구 오류동

동양특수목재 www.dywood.com 부산 사하구 장림동

두일상사 www.dooilboard.co.kr 인천 서구 당하동

뚝딱이 DIY 세상 www.diyself.co.kr 인천 동구 송림1동

ⓜ

만들고 www.mandulgo.com 경기 김포 대곶면

미송목재 www.misongwood.com 경남 양산 웅상읍 덕계리

미즈우드 http://mizwood.com 부천 원미구 심곡동

ⓑ

바우엔홈 www.bauenhome.com   부산 진구 전포 3동

부광제재소 www.bktimber.com   경북 군위 효령면 거매리

ⓢ

삼원목재 www.samwonlumber.co.kr   인천 서구 석남동

삼익산업 www.siwood.com   경기 광주 장지동

삼풍종합목재 www.3wood.co.kr   경기 남양주 삼패동

삼화홈데코 www.djpi.co.kr   서울 성북 장위 2동

선도목재 www.sdwood.co.kr   인천 남동구 고잔동

성경합판 www.skmdf.com   인천 계양구 계산동

성진합판목재상사 www.sunwood21.com   서울 금천구 시흥 3동

성화기업 www.sungwhawood.co.kr   경기 일산 지영동

세창건축자재 www.ijaje.com   서울 송파구 풍납동

씨에스우드 www.cswoodkorea.co.kr   인천 서구 원창동

ⓞ

에스엔티핸즈 www.snthands.co.kr   경기 김포 양촌면 구래리

엔에스홈 www.nshome.net   경기 광주 오포읍 문형리

영림목재 www.younglim.co.kr   인천 남동구 고잔동

우드넷 http://woodnet.co.kr   경기 의정부시 의정부동

우드 DIY www.woodiy.co.kr   경기 부천 심곡동

우드마트 www.woodmart.co.kr   인천 부평구 십정동

우드아이 www.wood-i.co.kr   경기 고양 토당동

우성특수목재 www.wsnamu.co.kr   인천 서구 심곡동

유림목재 www.mokjaeso.com   서울 강동구 암사 3동

유신특수목합판 www.ruba.co.kr   서울 을지로 5가

이누데코 www.inudeco.com   충남 대전 서구 변동

인디팩토리 http://indyfactory.com   경기 남양주 수동면 송천리

인우드 www.inwoodplus.com   인천 서구 원창동

인터우드 www.iwkorea.co.kr   인천 서구 원창동

인터우드코리아 www.interwoodkorea.com 서울 송파구 삼정동

ⓧ

제일우드 www.1wood.co.kr 서울 중구 을지로 5가

제일합판 www.jailwood.co.kr 경북 대구 북구 산격 2동

조광종합목재 www.chokwanglumber.co.kr 인천 서구 석남동

ⓧ

천광종합목재(나무로 만든 세상) www.woodworld.co.kr 경기 군포 산본 2동

춘희 목공예 www.moksu.co.kr 경북 울진 죽변면

ⓚ

코디아공방 http://blog.naver.com/giga1kr 경기 고양시 덕양구 용두동

코리인터내셔날 www.khori.co.kr 인천 동구 송현동

ⓣ

타이거우드 www.tigerwood.co.kr 경기 광주 탄벌동

태원목재 www.wood.co.kr 인천 서구 가좌동

태흥제재소 www.taeheungwood.com 경기 광주 실촌면 열미리

ⓟ

편백나무공방 www.hinokimart.com 경기 용인 기흥구 지곡동

풍산목재 www.pswood.co.kr 경기 광주 오포읍 추자리, 경기 성남 수정구 복정동

ⓗ

한성목재공업 www.hswood.com 인천 서구 경서동

한일목재 www.hanilwood.co.kr 강원 춘천 석사동

해안산업 www.haean.com 인천 남동구 고잔동

해인실업 www.haeinwood.co.kr 인천 동구 송현동

헤펠레 DIY 목재 판매 www.hafelekorea.co.kr 인천 남구 문학동

4. 가구 디자인 공부가 꼭 필요할까?

가구 디자인에 대한 안목을 키우자

실생활에 쓰이는 모든 물건들은 디자인이 되어 있습니다. 그렇다면 가구에도 디자인이 당연히 적용되겠지요. 가구를 디자인한다는 건 정말 어렵습니다. 제가 가장 많은 고민을 하는 부분이기도 합니다. 저는 실용성과 미적인 아름다움을 겸비한 가구를 만들고자 합니다. 가구는 생활에 직접 쓰이는 물건이므로 실용성도 겸비하되, 작품으로서의 가치 또한 지녀야 한다고 생각하거든요.

　　가구를 제작할 때에는 그냥 만들지 않습니다. 기본적인 사이즈가 있죠. 테이블의 경우 기본 높이가 있고, 등받이가 있는 의자의 경우 적절한 등받이 기울기가 있습니다. "1~2cm, 1~2도 차이가 얼마나 나겠어?" 라고 얘기하는 분들도 있습니다. 저 역시 그런 분들을 만났습니다. 하지만 가구는 실생활에 쓰이기에 테이블 높이가 몇 센티미터 높거나, 의자 등받이의 기울기가 몇 도 차이 난다면 당연히 불편을 느낄 겁니다. 생각해보세요. 어떤 가구점에 가서 전시된 의자에 기댔을 때 딱 편한 느낌이 든 적이 없었는지요? 혹은 어떤 의자는 불편함을 못 느꼈는지요? 이런 것들이 가구를 만들 때 기본적으로 알아야 하는 것들입니다.

만약 책장을 만들려고 한다면 가장 중요한 디자인 포인트는 어떤 것이 있을까요? 저는 '면 분할'이라고 봅니다. 그리고 집에 있는 책들의 높이겠지요. 그렇다면 면 분할과 책의 높이를 고려해야겠지요? 이 두 가지만 고려하면 큰 문제점은 없을 듯합니다. 만약 그런 것들은 잘 모르지만 그래도 책장을 만들고 싶다면, 바로 인터넷을 검색해보세요. 그럼 수많은 가구 사이트들이나 블로그, 카페 등이 나옵니다. 그중 맘에 드는 디자인을 가지고 도면을 만들어서 책장을 제작해도 좋습니다. 그러나 직접 디자인하고 만든다면 성취감은 그 이상이겠죠. 그래서 디자인 공부가 필요한 겁니다.

그럼 디자인 공부는 어떻게 해야 할까요? 가장 쉬운 길은 책을 보는 것이 아닐까 합니다. 우리나라에는 가구 디자인 관련 도서가 적어 안타깝지만, 미약하게나마 도움을 드리고자 국내외 디자인 관련서 중 도움이 될 만한 책들을 소개하겠습니다.

세스 스템Seth Stem이 지은 『가구 디자인』(학문사)은 디자인 기초부터 가구 드로잉까지 전반적인 내용을 설명하고 있지요. 박선의의 『디자인 도학제도』(미진사)도 권합니다. 제가 건축 설계를 공부할 때 보았는데, 도면을 그릴 때 필요한 기본 이론이 잘 소개되어 있습니다. 전문서적이라 초보자들이 보기에 다소 어려울 수 있으나 한번 보면 도움이 되는 부분이 많습니다.

가구 제작과 관련해서는 다섯수레에서 펴낸 『아름다운 목가구 만들기』가 있습니다. 목공에 대한 정보를 백과사전식으로 방대하게 풀어놓은 책으로 초보자뿐 아니라 중급자가 보기에도 유익할 듯싶습니다. 현암사에서 출간된 『우리 가구 손수 짜기』는 일러스트로 전통가구의 짜맞춤 방식을 설명해주어 이해하기 쉽습니다. 그 외에도 총 3권으로 구

성된 태지 프리드Tage Frid의『가구디자인 & 목재가공』(예경)은 목공 길라잡이라 할 정
도로, 도면 그리기 및 접합부 설계와 가공기법, 형삭가공, 단판접착가공, 도장기법 등을
세세하게 설명해놓았지요. 안타깝게도 지금은 절판되어 볼 수가 없지만, 공공도서관에
서 한번 찾아보는 것도 좋을 것 같습니다. 또 대표적인 외국 책은 *Woodsmith*,
ShopNotes, *Fine Woodworking* 등이 있으니 참고하세요.

가구 디자인의 기본 요소

가구를 만드는 데 알아두면 좋은 이론들은 어떤 것이 있을까요? 앞서 말씀드린 '면 분할'이나 '높이' 외에도 몇 가지 더 중요한 정보들을 일러드리죠. 우선 가구는 3차원으로 되어 있어 공간을 차지합니다. 그래서 공간감이나 깊이 혹은 거리감을 고려해야 합니다. 이것은 가구의 사이즈와도 관련이 있습니다. 거실에 가구를 놓고 싶은데 사이즈를 잘 모르고 그냥 만들었다면 낭패겠죠? 그런데 이런 공간에 대한 이해나 깊이는 쉽게 배울 수 없는 부분입니다. 단순하게 말씀드리면 많이 보는 수밖에 없죠. 디자인 책 중에서 공간 감이나 깊이를 설명한 책도 있으니, 좀더 소양을 쌓고 싶다면 한번 살펴보는 것도 방법이겠네요. 또 한 가지 제가 추천하고픈 방법은, 아파트 모델하우스에 가보는 겁니다. 그 곳에서는 최신 유행하는 인테리어도 볼 수 있고 가장 전형적인 가구 배치며, 평수에 맞는 가구들도 살펴볼 수 있으니까요. 이런 것들을 자꾸 보다보면, 안목이 생깁니다.

자, 이제는 가구에 대해 살펴보죠. 먼저 가구를 만든다고 가정하면, 용도에 맞춰 형태를 잡아야겠죠. 그런 다음 구성·비례·색채 등의 요소를 고려해서 디자인을 합니다. 형태는 가구의 사이즈로, 그 가구가 어떤 용도로 쓰이는지를 보여줍니다. 가구를 만들 때 가장 큰 틀이라고 할 수 있죠. 구성·비례·색채 같은 요소들이 적절히 녹아들어 그 가구의 형태를 보여줍니다. 즉 그 가구를 만들었을 때 의도대로 만들어졌는가를 나타내 줍니다.

구성

가구에서의 구성은 전체적으로 균형을 잡는 것과 좌우 혹은 상하 두 가지 면에서 균형을 이루는 것이라고 말할 수 있습니다. 어떤 가구를 봤을 때 균형이 잘 맞았는지를 확인하려면, 그 가구가 대칭적인가 비대칭적인가 혹은 방사상의 대칭(중앙의 한 점에서 거미줄이나 바퀴살처럼 이어나간 모양)인가를 보면 됩니다. 쉽게 설명하자면, 그 가구를 마음속으로 딱 반으로 잘라보세요. 그리고 좌우 혹은 상하를 비교했을 때 딱 맞아 떨어지면 그 가구의 구성은 잘 맞았다고 할 수 있습니다. 물론 디자이너의 의도 하에, 대칭을 다르게 하는 경우도 있지요.

◦ 비 례

가구를 디자인할 때 비례는 필수 요소입니다. 가구에 어떤 비례를 주느냐에 따라 상당히 다른 느낌을 줄 수 있거든요. 어떤 가구를 봤을 때 무언가 안 맞는 느낌을 주거나 좀 이상하다고 생각된다면, 대부분 그 가구의 비례가 안 맞아서일 경우가 많습니다. 비례에는 절대적인 비례와 상대적인 비례가 있습니다. 테이블과 의자의 경우가 상대적인 비례의 예지요. 테이블과 의자는 서로 어울려야 하는 가구입니다. 두 개를 동시에 만들지 않는다면 이야기가 다르겠지만, 동시에 만든다고 생각해보면 이해가 될 겁니다. 두 가구가 서로 어울린다면 서로의 비례가 잘 맞는다고 볼 수 있죠. 절대적인 비례는 좀 어려운 말이긴 합니다. 사물 그 자체의 비율입니다. 바둑판의 칸을 나눈 것을 보면 그것이 절대적인 비례라고 할 수 있겠습니다.

그럼 비례는 어떻게 해야 할까요? 그 가구의 기능이나 공간의 크기를 기준으로 보면 됩니다. 황금분할 아시죠? 간략하게 말해, 한 변을 1이라고 했을 때 다른 한 변의 길이가 1.6 정도 되는 것을 황금분할이라고 합니다. 말이 어렵다면 그냥 '1:1.6' 이것만 기억하세요.

◦ 색 채

색채는 그 가구의 외관을 표현합니다. 어떤 색상을 쓰느냐에 따라 그 가구의 느낌을 완전히 바꾸어놓는다고 해도 과언이 아니거든요. 색상은 분위기를 좌우하고 연상작용을 불러일으키기 때문에 사람에게 심리적으로 영향을 미칩니다. 예를 들어 파란색은 침착함을 나타내기도 하고 노란색은 즐거운 느낌, 초록색은 안정감 혹은 편안함, 빨간색은 주변으로부터의 집중을 의미하기도 합니다. 색상이 공간과 사람에게 끼치는 영향력은 적지 않으므로 가구 마감재는 주의해서 선정해야지요. 가구의 색상을 고를 때 고려해야 할 사항은 어디에 놓느냐, 어떤 가구들과 배치할 것인가 등입니다. 가구는 대개 거실이나 침실, 서재 등에 놓이지만, 경우에 따라 포인트가 되는 공간을 차지하기도 하니 이 모든 상황을 고려해 색을 선정하는 게 좋습니다. 중고등학교 시절 미술 시간에 한 번쯤 익혔을 보색관계 표를 떠올려 보색을 이용해 대조되는 컬러를 가구에 적용한다든가, 집을 프로방스풍으로 꾸몄다면 가구도 거기에 맞춰 화이트의 프로방스풍으로 페인팅해주는 방법 등이 있습니다.

내 가 좋 아 하 는 가 구 디 자 이 너

세계적인 목공예 작가는 무척 많습니다. 그중 제가 좋아하는 분을 꼽으라면 저는 단연 조지 나카시마George Nakashima, 1905~1990를 드는데요. 이분은 유명한 건축가이자 가구 디자이너였죠. 일본계 미국인인 조지 나카시마는 20세기 가구 디자인 역사에 그야말로 한 획을 그은 인물로, 간결하면서도 고요한, 또한 자연스러우면서도 힘 있는 가구들을 선보여왔습니다. 그 때문일까요? 그분의 작품을 딱 보는 순간 한동안 입을 다물지 못했습니다. 간결한 라인의 상판은 자연 그대로를 옮겨다놓은 듯 솔직담백했고, 그 상판을 받친 구조는 모던함이 물씬 느껴졌습니다. 그러면서도 이 두 가지가 조화롭게 어우러지는데, 그야말로 자연과 모던함의 기막힌 만남을 선사하더군요. 어느 누구도 흉내 낼 수

▶ 조지 나카시마의 작품

없는, 장인의 땀과 숨이 고이 배인 작품임을 알겠더군요. 전 그분의 작품을 보고, 가구 디자이너로서 가야 할 방향을 찾았습니다.

얼마 전 국제 갤러리에서 열린 가구 전시회에도 이분의 작품이 소개되었는데, 일본 전통 짜맞춤법을 이용하여 만든 가구는 정말 구조적인 아름다움을 보여줬습니다. 지금 전 건축을 하지는 않지만 건축을 전공한 터라, 간간이 도움을 받긴 합니다. 구조적인 문제라든지 스케치한 것들을 도면으로 옮길 때나 형태적인 모습을 그릴 때 상당히 많은 부분에서 영감을 받거든요. 아마 이분도 건축을 전공한 영향으로 자연과 건축의 조화를 꾀하면서도, 예술적이고 과학적인 디자인을 결합시킬 수 있었던 듯싶습니다.

실제로 많은 가구 디자이너 중에는 건축가인 분들도 상당히 있습니다. 필립 스타르크Philippe Starck, 1949~ 란 분도 있죠. 이분은 그야말로 전천후 디자이너라 해도 과언이 아니죠. 위트 있고 독창적인 그의 디자인은 가구뿐만 아니라 시계, 안경, 인테리어, 호텔 등 거의 모든 분야를 망라하니까요. 때문에 유럽에서는 필립 스타르크의 디자인만을 고집하는 '스타르크 마니아' 까지 있다고 합니다.

또 프랑스의 가구 디자이너인 장 프루베Jean Prouvé, 1901~1984도 건축가 겸 디자이너였죠. 그분의 가구는 가구의 공간 분할의 좋은 본보기가 됩니다. 세공을 공부한 장 프루베는 금속이 지닌 내구성과 형태의 역동성을 고려해, 구부리고 용접한 금속판과 자연물인 나무를 적절히 조화시켜 새로운 디자인을 선보였습니다.

마지막으로 한스 웨그너Hans J. Wegner, 1914~2007 를 꼽고 싶네요. 이분은 주로 의자를 많이 만들었습니다. "나는 의자를 만들 때 최대한 간결하게 네 다리를 만들고 그 위에 시트와 팔걸이를 얹는다"라고 한 이분의 말 속에는 불필요함을 과감히 생략하고, 실용적이면서도 간결

비례미가 돋보이는 장 프루베의 가구

하게 만들면서 최대한 자연스러움을 추구하는 디자인 철학이 담겨 있습니다. 우리나라 뿐만 아니라 전 세계적으로 그분의 카피본들이 많이 있죠. 이분이 디자인한 가구는 그야 말로, '심플'과 '베이식'으로 대표되는 북유럽 가구의 아름다움을 느끼게 해주는 표본 이라고나 할까요. 특히 파파 베어 라운지 체어papa bear lounge chair는 의자의 결정체 를 보여주는 인상을 받았습니다.

▶한스 웨그너의 파파 베어 라운지 체어

그렇다면 국내 디자이너는 없느냐? 웬걸요. 당연히 있지요. 제가 국내 디자이너 중 가장 존경하는 분이 하지훈 씨입니다. 현재 계원대학교 가구디자인과 교수로, 북유럽 가 구와 한국적인 소재를 접목해 다양한 느낌을 가구에 표현하지요. 합리적이고 실용적인 미를 우선으로 하는 북유럽 스타일에 자개나 소반 같은 한국적인 요소들을 접목해 국제 시장에서도 전혀 뒤떨어지지 않는 경쟁력 있는 가구를 선보이고 있습니다. 또 최병훈 씨 도 유명합니다. 이분은 우리나라 최초로 '아트 퍼니처art furniture'를 시도하여, 침체 되어 있던 국내 목공계에 센세이션을 일으켰던 분입니다. 부드러운 느낌의 나무와 단단 한 성질의 돌이라는 요소를 결합해 완성하는 미니멀 가구의 제작 기법은 자연적인 본원 의 아름다움을 강조하는 그의 디자인 철학을 엿보게 합니다.

5. 가구 도면이 왜 중요할까?

가구 도면이 필요한 이유

공방을 운영하면서 초보자들에게 꼭 손으로라도 도면을 쓱쓱 그려보라고 권합니다. 그걸 다시 제가 캐드로 작업해 출력물로 나눠드리곤 하죠. 처음 목공을 배우는 사람들은 대부분 도면 그리기에 자신 없어합니다. 그래도 전 재차 강조합니다. 취미로 배우더라도 최소한 2D 도면은 그려야 한다고요. 그래야 작업할 때 실수를 줄일 수 있습니다. 뜻하지 않게 설계나 재단에서 잘못을 범하는데, 그때 기준점이 되는 것이 도면입니다. 뿐만 아니라 가구의 정확한 모양을 그려내기 때문에 공간감이나 비례감 등도 가늠할 수 있죠. 저는 정식으로 도면을 그리기 전에 먼저 러프 스케치rough sketch를 합니다. 스케일 자를 가지고 실제 가구 크기의 1/10 혹은 1/20로 그려봅니다. 정확한 비율을 나타내기 위해서죠. 처음부터 프로그램을 사용해 도면을 그리는 것이 아닙니다. 종이에 그린 도면을 스케치업sketchup 같은 도면 프로그램을 이용하여 정확히 다시 옮겨 그립니다. 손으로 그렸을 때보다는 정확한 도면이 나오죠. 그래야만 최종 결과물을 미리 예상해서 목재의 정확한 물량 산출도 할 수가 있습니다.

　　예를 들어 가로 1200mm, 세로 600mm, 높이 730mm의 테이블을 만든다고 생각해 보죠. 도면을 그리고 난 후 물량이 얼마쯤 드는지 알아야 목재를 주문하겠죠? 요즘은 DIY 온라인숍에서도 재단을 해주므로, 정확한 도면을 그렸다면 바로 물량 산출이 가능합니다. 그럼 필요한 것이 상판, 프레임, 다리죠. 나사못으로 작업한다고 가정할 때, 상판 사이즈 는 1200(가로)×600(세로)×24(나무 두께)입니다. 필요한 개수는 1개죠. 그다음이 프레임 입니다. 프레임은 앞뒤, 좌우 이렇게 상판에 연결할 4개와 다리를 연결할 3개가 필요합니 다. 총 7개가 필요하죠. 그럼 먼저 같은 사이즈의 것들을 분류합니다. 상판에 연결시킬 긴 부재 2개, 짧은 부재 2개, 그리고 다리 연결 프레임 긴 것 1개, 짧은 것 2개가 필요합니다. 프레임 길이별로 같은 것은, 긴 것 3개와 짧은 것 4개가 필요합니다. 각 사이즈를 보면 긴

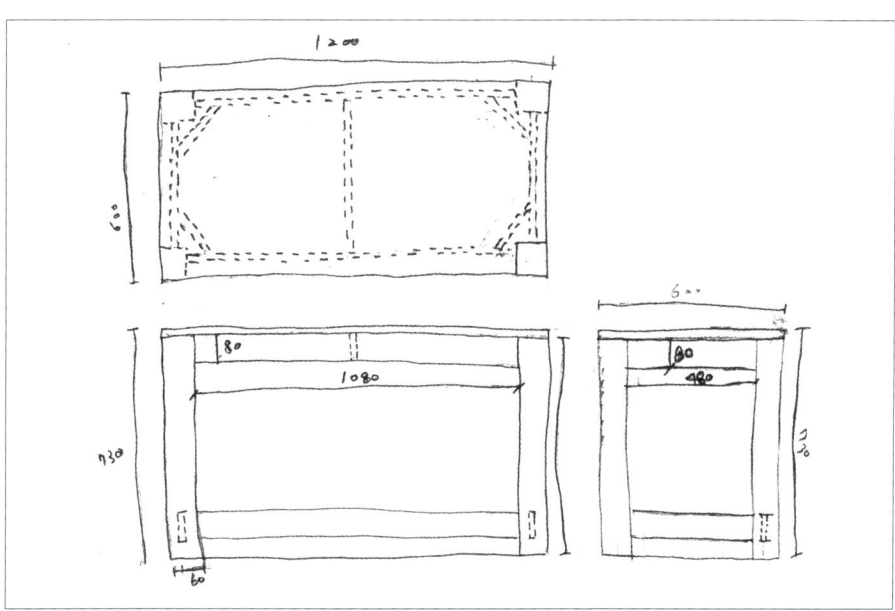

부재가 1080×80×20×3개입니다. 짧은 것은 480×80×20×4개입니다.

그리고 다리 사이즈를 60으로 가정했을 때, 60×60×730×4개입니다. 이렇게 따져보면 테이블 하나 만드는 데 크고 작은 부재의 합이 12개입니다. 거기에 본드, 나사못, 오일이나 페인트까지 생각해야겠지요. 도면을 그린다는 것은 그 가구를 마음속으로 이미 재단하고 조립해서 완성까지 해본다는 것과 같습니다.

도면을 그리면서, 그리고 재단을 한 다음 조립 전에, 이렇게 두 번 정도 머릿속에서 완성을 해봅니다. 도면을 그리는 것은 그 가구에 치수를 기입하고 어떻게 조립할 것이며 어떤 하드웨어를 사용할 것이고 어떤 마감을 할 것인가를 미리 결정하는 것입니다. 이처럼 도면 작성을 통해 어떤 가구를 만들 것인가부터 마감작업까지 머릿속에서 계획할 수가 있습니다. A4용지에 그냥 그림과 치수만 그려넣은 것 같지만 그 안에는 수많은 내용들이 포함되어 있는 거죠.

손 으 로   도 면   그 리 는   방 법

"난 도저히 도면을 못 그리겠어. 옛날에는 도대체 어떻게 만들었대?" 이런 질문이 나올 수 있습니다. 물론 중세에도 근대에도 가구들은 존재해왔습니다. 하지만 그때는 손으로 도면을 그렸겠죠. 모눈종이를 본 적 있지요? 아니면 가로세로가 일정하게 그려진 연습장이 있습니다. 이런 연습장에 자를 대어보세요. 보통 5mm 간격으로 선이 그어져 있습니다. 그럼 답은 나오겠죠. 본인이 만들 가구의 스케일이 나옵니다. 1:10이나 1:100이나 1:1 같은 비율이 나오게 됩니다. 그런데 스케일이 무엇인지 모르는 분들이 계실지도 모르겠네요. 가구를 예로 들어서 설명해보죠. 실제로 만든 가구를 1:1 비율이라고 보면 됩니다. 1:10이면 실제 가구 사이즈의 1/10만큼 축소해놓은 것입니다.

스케일자라는 용구가 있는데, 삼각형으로 되어 있습니다. 거기에는 1/100, 1/200, 1/300, 1/400, 1/500, 1/600 같은 숫자들이 적혀 있습니다. 이 수치가 바로 축적을 나타냅니다. 예를 들어 1/100으로 되어 있는 스케일을 보면, 1/1, 1/10, 1/100까지 볼 수 있는 것이죠. 1/10일 때, 10cm는 그럼 얼마일까요? 네, 1m입니다. 1/100일 때는 10m입니다. 이제 스케일 보는 법이 이해가 되시죠? 이것을 모눈종이 등에 손으로 그려볼 때 도움이 될 겁니다.

보통 가구를 그릴 때는 원래 사이즈의 1/10 스케일로 그립니다. 그리고 도면을 그릴 때는 평면도, 정면도, 측면도 이렇게 3개를 그리는 것이 기본입니다. 만약 좌우가 다르다면 좌측면도, 우측면도를 따로 그려야겠지요. 가능하다면 3차원으로 그리는 것이 좋습니다. 그리고 가장 중요한 치수를 꼭 기입해야 합니다.

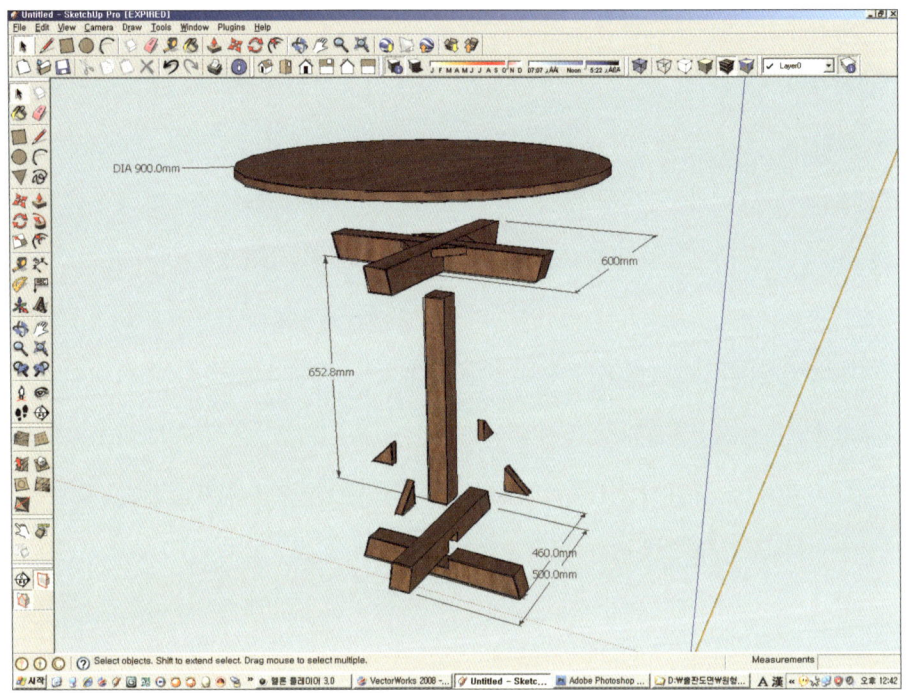

▰ 스케치업으로 그린 도면

도 면 프 로 그 램 소 개

도면을 그리는 프로그램은 여러 가지가 있습니다. 제가 써본 것 중 2D 도면의 최강은 오토 캐드Auto Cad인 것 같습니다만, 그 외에도 여러 프로그램들을 한번 소개해보겠습니다. 물론, 제가 사용해본 프로그램 위주가 될 테지만요.

우리나라에서는 많이 사용하진 않지만 벡터 워크스Vector Works, 코렐드로 CorelDRAW가 있습니다. 3D 프로그램으로는 3D 맥스max, 벡터 워크스, 오토 캐드, 스케치업, 라이노Rhino 등이 있습니다. 2D와 3D를 같이 쓸 수 있는 프로그램에는 벡터 워크스, 스케치업, 라이노, 오토 캐드 등이 있습니다. 이 프로그램들을 하나씩 간략하게 살펴보겠습니다.

우선 오토 캐드는 설계하는 분들이 가장 많이 쓰는 프로그램입니다. 2D로 설계하는 프로그램 중에선 가장 편리하게 썼던 것 같습니다. 2D, 3D를 말할 때 'D'란 'dimensional'의 약자입니다. 즉 차원이란 뜻이죠. 평면적인 것을 2D라고 부릅니다. 옛날 만화를 보면 이해가 될 텐데요. 예전 만화는 2차원으로 그렸죠. 3D는 3차원을 뜻합니다. 그래서 입체적으로 보이는 것입니다. 가구는 3차원으로 만들어집니다. 구조물이니까요. 그것을 위, 아래, 정면 등의 모습에서 보는 것이죠. 그런데 오토 캐드, 벡터 워크스, 라이노 등의 프로그램은 무료로 쓸 수 없습니다. 비용을 지불하고 사용해야 하기에 보편적으로 쓰기는 힘들지요.

이외에도 3D 프로그램의 절대 강자인 3D 맥스가 있습니다. 우리나라는 한번 유행을 타면 하나만 고집하는 경향이 있는데, 그래서인지 3D 맥스도 같은 흐름을 탔지요. 3D 게임이 유행을 타면서 3D 맥스에 대한 열풍이 불었죠. 저 역시 그때 합류해서 공부를 잠깐 했었습니다.

이처럼 가구를 설계하는 데는 여러 프로그램이 있습니다. 그중에서 요즘 많이 쓰고 있는 것이 바로 스케치업입니다. 저도 요즘 가구 도면을 그릴 때 스케치업으로 작업하고 있습니다. 쉽게 그릴 수 있고, 가구의 접합 부분을 3D로 바로 볼 수 있어서 초보자들도 쉽게 이해할 수 있는 것 같습니다. 배우기도 어렵지 않고 쉽게 접근할 수 있는 프로그램입니다. 이 프로그램은 프리 버전으로도 쓸 수 있으니 도전해보기 바랍니다.

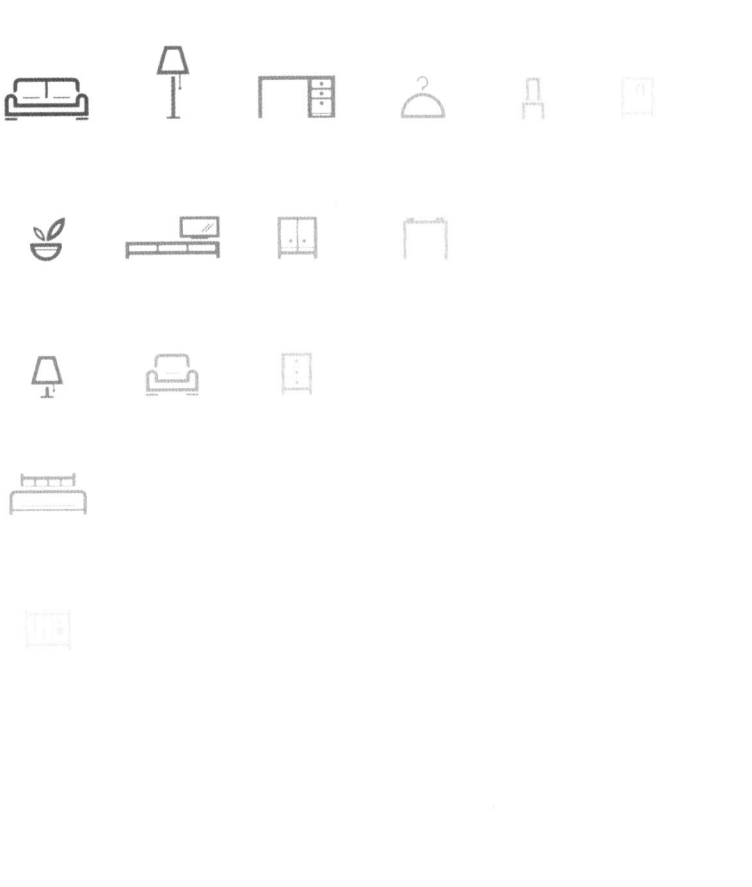

Part 2.

목공, 본격적으로 배워볼까?
- 가구 공방 목록

1. 인터넷으로 목공 정보를 수집하자

제가 목공을 처음 시작할 때만 해도 정보 구하기가 수월치 않아 애를 많이 먹었습니다. 어디서부터 시작해야 할지 몰라, 지인들을 괴롭혀가며 정보를 수소문하는 가 하면 발품을 팔며 공방을 찾아다니곤 했습니다. 하지만 지금은 목공을 하는 분들도 많아졌고, 인터넷으로 얻을 수 있는 정보도 상당합니다. 만약 '멋진 디자인 가구를 보고 한눈에 반했다' '당장 목공을 시작하고 싶다' '그런데 막막하다' 라면 먼저 인터넷 검색을 권장합니다. 자, 그럼 저도 접속해보겠습니다.

포털 사이트에 '목공 동호회' 라고 입력하면 수많은 곳이 검색됩니다. 이러한 동호 회들은 접근하기도 쉽고 같은 취미를 공유하는 분들이 모여 있어 정보 얻기가 좋습니다. 가장 활발한 목공 동호회는 네이버의 '우드워커' 카페와 다음의 '백년가구' 카페입니다. '우드워커' 는 전문가와 아마추어가 공존하는 동호회로, 기초부터 전문 지식까지를 아우 르며 다방면으로 많은 정보를 구할 수 있습니다. '백년가구' 는 말 그대로 '정성과 혼을

쏠아 대를 물려 쓰는 가구 만들기'를 지향하는 이들이 모여 정보와 지식을 공유하는 동호회로, 아마추어 정신을 이어나가는 곳이라고 할 수 있습니다.

이 밖에도 가구 리폼과 관련된 인테리어 정보를 구할 수 있는 곳은 '레몬테라스' cafe.naver.com/remonterrace, '예쁜집 꾸미기' cafe.naver.com/mrdeco, '프로방스집 꾸미기' cafe.daum.net/decorplaza 카페가 대표적입니다.

동호회 외에도 '철천지' www.77g.co.kr 나 '손잡이닷컴' www.sonjabee.com, '만들고' www.mandulgo.com, '툴크래프트' www.toolcraft.co.kr 같은 DIY 온라인숍에서도 목공 관련 하드웨어 사용법이나, 가구 만들기 강좌, 인테리어 정보 등을 알려주고 있으니 방문해보는 것도 좋습니다.

자, 이제 고민의 반은 해결한 셈입니다. 나머지 반은 정보의 올바른 취사선택에 있습니다. 수많은 사이트를 일일이 접속하는 대신, 앞의 사이트 중 한 곳만 방문해도 온갖 정보가 흘러넘칩니다. 예를 들어 '테이블'을 검색하면, 족히 100개 이상의 글이 뜹니다.

도면부터 제작 방법, 테이블 제작과 관련한 여러 정보에 손수 만든 테이블 소개까지 말입니다. 문제는 자신에게 필요한 정보를 얼마나 정확하게 찾아내고 바르게 활용하느냐입니다. 고급 정보부터 잘못된 정보까지 뒤섞여 있으니, 실패를 거울삼는다는 생각으로 직접 해보거나 목공 전문가에게 미리 물어보는 것도 한 방법입니다. 저 또한 동호회에서 정보를 수집하되 걸러내면서 취하는 과정을 거쳐왔고, 지금도 그렇게 하고 있습니다.

2. 가구 공방을 다녀볼까?
– 지역별 가구 공방 목록

나 에 게 맞 는 공 방 선 택 요 령

집에서 가구를 만드는 것은 목공을 좋아하는 분이라면 한 번쯤 가져보는 소원입니다. 하지만 여건상 힘든 점이 많습니다. 무엇보다 '소음+톱밥+먼지' 삼총사가 제일 큰 골칫거리입니다. 저도 처음에는 무턱대고 집에서 시작했다가 낭패를 보았습니다. 당시 살던 곳이 오피스텔이었는데, 한창 나사못 결합 방식에서 짜맞춤 기법을 시도하던 차에 시끄럽다는 이웃의 항의를 받았습니다. 주거 환경을 고려하지 않은 채 일을 벌여 미안한 마음 한편에는, '망치질 몇 번에 항의까지 하냐, 인심 한번 야박하다' 라는 섭섭함도 들었습니다. 그런데 공방을 차리고 보니 이웃의 항의는 당연한 처사였구나 싶었습니다. 문을 꼭 닫아도 뚝딱뚝딱 망치질 소리가 크게 울려대니, 그때 그 소음이 오죽했을까요.

그럼 대안을 찾아야 하는데, 제가 권하는 방법은 자신에게 맞는 공방을 택하는 것입니다. 목공을 제대로 배우려면 주 소재인 나무뿐만 아니라 각종 공구도 갖춰야 하고, 사용법도 익혀야 합니다. 기술도 터득해야 합니다. 아무리 인터넷이 모든 궁금증을 해결해 준다고 해도 사람이 직접 시연하며 가르치는 것만 하겠습니까? 게다가 필요한 공구를 개인이 모두 갖출 수도 없습니다. 어찌 보면 공방에서 배우는 것이 이득일 수 있습니다.

자, 공방을 다니기로 결심했다면, 이번에는 어떤 공방을 택해야 할지 알아봅시다. 이 역시 간단한데, 앞서 소개한 '우드워커' 카페 등에서 검색하면 전국의 공방 위치와 연락처를 손쉽게 구할 수 있습니다. 당부하고 싶은 건, 공방을 택할 때 4가지 사항을 고려해야 한다는 것입니다. 바로 위치, 공방 특징, 커리큘럼 그리고 자기 의지입니다.

첫째, 공방 위치가 직장이나 집에서 가까워야 합니다. 너무 먼 거리라면 왕복시간이 길어 시간을 낭비할뿐더러 배우려는 의지도 약해집니다. 둘째, 공방의 특징을 고려해야 합니다. 가구를 만들 때 나사못 결합을 할 건지, 짜맞춤을 할 건지 등 자신이 어떤 가구를 선호하는지부터 먼저 살펴보고 거기에 맞는 공방을 찾아야 후회하지 않습니다. 가능하면 직접 공방을 찾아가 그 공방에서 만들어지는 가구들을 살피고 작업방식도 직접 눈으로 보는 것을 추천합니다. 셋째, 공방마다 성격이 다르므로 커리큘럼을 따져봐야 합니다. 기본 교육 후 자유 작업을 할 수 있는 공방이 있는가 하면, 정해진 가구만 만들도록 하는 공방도 있기 때문입니다. 마지막으로 배우고자 하는 의지가 확고한지 여부입니다. 취미생활은 시간이 나서가 아닌, 시간을 내서 하는 것이니만큼 쉽게 포기하고픈 유혹도 큽니다. 우스갯소리로 가구 만들기는 '내 돈 내고 톱질(막일)하기'일 수도 있는데, 의지가 약해지면 당연히 하기 싫어집니다. 게다가 가구를 만드는 과정은 자기수양에 견줄 만큼 집중력과 오랜 시간 노력을 요하는 취미입니다. 그러니 신중하게 결정해야 합니다.

그럼 이제 본격적으로 공방을 찾아나서보겠습니다. 지인의 소개를 받아도 좋고, 동호회를 통해 공방 검색 후 앞의 4가지 고려사항을 숙지해 직접 택해도 좋습니다.

공방을 결정하는 일은 쉬운 듯하면서도 의외로 까다롭습니다. 저 역시 초보 시절에는 시행착오를 겪으며 많은 공방을 찾아다녔습니다. 앞서 4가지 기준도 말씀드렸습니다 만, 사실 가장 좋은 방법은 자신의 생활 반경 안에 있는 공방을 찾아보고 공방장과 상담 후에 결정하는 게 제일입니다.

지역별 가구 공방 목록

목공 동호회와 블로그에서 취합한 자료를 토대로, 취미반이나 전문가반을 위주로 한 대표적인 몇몇 가구 공방들을 소개하겠습니다. 주관적인 판단 하에 전국의 공방을 서울, 경기, 강원, 전라, 경상 지역으로 나눠 지역별로 정리했습니다. 제가 정리한 목록은 어디까지나 참고용입니다. 지면상 모든 공방을 수록하지 못한 점은 양해 바랍니다. 내디내만, 반쪽이, 헤펠레, 우드플랜 등 프랜차이즈 운영 공방은 해당 홈페이지를 검색하면 쉽게 찾아볼 수 있기에 지역별 분류에서 제외하고 따로 분류했습니다. 각 공방의 위치와 커리큘럼은 2011년 3월 기준이므로, 찾아가기 전에 미리 전화로 확인해보기 바랍니다.

프랜차이즈 공방

⬤ 내디내만(내가 디자인하고 내가 만드는 가구)
홈페이지 www.DIY-sdem.co.kr

⬤ 반쪽이공방
홈페이지 www.banzzogi.net

⬤ 우드플랜
홈페이지 www.woodplan.co.kr

⬤ 헤펠레 DIY 목공방
홈페이지 www.DIYhafele.co.kr

⬤ 나무풍경
홈페이지 www.woodscape.co.kr

⬤ 만드는 세상
홈페이지 http://makeworld.co.kr

지역별 공방

 서울 지역

⬤ 나무가 주는 休
위치 서울시 성북구 동소문동 6가 126번지 1층
연락처 02-6326-7825
블로그 http://blog.daum.net/namuhu

⬤ 만들고 싶은 것들
위치 서울시 성동구 성수동
연락처 02-498-9628
홈페이지 www.DIYlife.co.kr

⬤ 아빠손나무
위치 서울시 성북구 동선동2가 307
연락처 02-6012-8381
홈페이지 www.papashandwood.com

⬤ 컨츄리앤&앤디
위치 서울시 양천구 신정동 318-1 목동대림아크로텔 105호
홈페이지 www.countryannandy.com

● 프롬티
위치 서울시 양천구 목동
연락처 02-6409-5878
홈페이지 www.from-t.co.kr

● 木 & WOOD 가구 공방
위치 서울시 강서구 등촌2동 516-5 등촌 삼거리 아이파크 아
파트 근처
카페 http://cafe.naver.com/wellwood

● 가구장이 박홍구
위치 경기도 이천시 설성면 상봉4리
연락처 031-642-4511
홈페이지 www.jj2.com

● 구름나무 공방
위치 경기도 수원시 장안구 정자동 423-1 벽산 블루밍아파트
상가 B1
연락처 031-205-0998
홈페이지 www.handmadegagu.com

● 나들목 가구만들기
위치 인천광역시 부평구 청천동 175-25
연락처 016-772-7945
카페 http://cafe.naver.com/nadulmokDIY

● 나무와 사람들
위치 경기도 의왕시 학의동
연락처 031-426-7187
홈페이지 www.woodworking.co.kr

● 나무in
위치 인천광역시 부평구 갈산동 220-3 B동 3층
연락처 032-203-9055
카페 http://cafe.naver.com/namooins

● 나사모 D.I.Y 목공방(나무를 사랑하는 사람들의 모임)
위치 인천광역시 서구 백석동 75-3 대붕실업 내 비전아이가구
연락처 032-562-4524
카페 http://cafe.naver.com/DIYnasamo

● 느림우드스튜디오(나무가 꿈꾸는 세상)
위치 경기도 파주시 탄현면 법흥리
카페 http://cafe.naver.com/nrim

● 담쟁이 공방
위치 인천광역시 연수구 선학동 405-22
연락처 032-822-4698
홈페이지 www.damjangi.com

● 딱따구리 DIY 동호회
위치 인천광역시 부평구 부평4동 881-2번지 도양빌딩 지하1
층
카페 http://cafe.naver.com/woodpeckerDIY

● 만드는 세상
위치 경기도 광주시 오포읍 문형리 401번지
연락처 031-234-1998
홈페이지 http://makeworld.co.kr

● 미스터우드(Carpentryshop Mr. Wood)
위치 경기도 부천시 원미구 상2동 562-8번지 1층
연락처 032-324-6624
카페 http://cafe.naver.com/carpentryshop

● 박상희 목공소
위치 경기도 고양시 일산구 성석동 1370-1
연락처 031-977-3290
홈페이지 www.parkswork.com

● 열린 나무 공방
위치 경기도 용인시 수지구 고기동 501-2

카페 http://cafe.naver.com/openwood worker.cafe

◉ 오름 이야기
  위치 경기도 광주시 직동 70-16(갈마터널 부근)
  연락처 031-798-6665
  블로그 http://blog.naver.com/oleum

◉ 작은 목수
  위치 경기도 고양시 덕양구 지축동 552
  연락처 02-381-5608
  홈페이지 www.somog.com

◉ 정목 불교 조각원
  위치 경기도 포천시 선단동 568번지
  연락처 031-844-6641
  홈페이지 http://blog.naver.com/rodin33

◉ 코디아 우드콜렉션
  위치 경기도 고양시 덕양구 용두동 8-1
  블로그 http://blog.naver.com/giga1kr

◉ 쿠담 공방
  위치 경기도 성남시 수정구 심곡동 396-124
  블로그 http://blog.naver.com/giga1kr

◉ 후아 공방
  위치 경기도 고양시 일산동구 마두동 912-5
  연락처 031-967-3313
  홈페이지 www.huawood.com

◉ 休사람과 나무
  위치 인천광역시 중구 운북동 375-4
  연락처 070-8839-2777
  홈페이지 http://cafe.naver.com/drwood

◉ 나만의 가구
  위치 강원도 춘천시 퇴계동 426-20
  연락처 0505-569-5669
  홈페이지 www.DIYcc.co.kr

◉ 내가 만든 가구
  위치 강원도 원주시 명륜동 310-2
  연락처 033-743-1335
  카페 http://cafe.naver.com/megagu

◉ 나무야 나무야
  위치 대구광역시 중구 남산동 599-7 협신빌딩 지하1층
  연락처 053-292-8221
  홈페이지 www.namuyanamuya.co.kr

◉ 내가 만든 가구
  위치 부산광역시 동래구 명륜동 2-36
  연락처 051-515-1179
  홈페이지 www.naegagu.co.kr/

◉ 들길 목공예
  위치 부산광역시 남천동 수영세무서 앞
  연락처 051-622-2278
  카페 http://cafe.naver.com/dlegill

◉ 뚝딱 뚝딱 DIY 공작소
  위치 부산광역시 금정구 남산동 960-9
  연락처 051-581-9665
  홈페이지 www.woodschool.co.kr/

◉ 목공방닷컴
  위치 경상북도 경주시 하동
  연락처 054-777-4606
  홈페이지 www.mokgongbang.com

◉ 아름다운리빙 목공방
위치 경상남도 거제시 옥포2동 502-10 아름다운리빙건물 1층
연락처 070-7563-8948

◉ 우드쇼
위치 대구광역시 동구 미대동 구암 팜스테이 마을 내
연락처 053-981-8130

◉ 이야기 담은 가구(이담공방)
위치 경상남도 김해시 흥동
연락처 055-327-6780
카페 http://cafe.daum.net/kjhnamu

◉ 자연을 담은 가구
위치 경상남도 창원시 사파동 119-12
연락처 055-264-3856

◉ 각가미 목공방
위치 전라북도 전주 완산구 효자동 3가 1447-1 서곡지구
카페 http://cafe.daum.net/neulsomkkon

◉ 나무와 休
위치 전라남도 전주시 덕진구 금암동 728-82
연락처 063-271-0207
홈페이지 www.namu-hu.com

◉ 사람과 나무
위치 광주광역시 북구 용봉동 1215-16
연락처 062-433-6779
홈페이지 www.humanwood.co.kr

◉ 자연공방
위치 전라남도 여수시 미평동 569-5
연락처 061-655-0810
블로그 http://blog.naver.com/9876ki

◉ 추현 소목공방
위치 전라남도 나주시 다시면 가운 134-1
연락처 061-335-6451
카페 http://cafe.naver.com/chumoksu.cafe

◉ 한여루의 나무그리기 공방
위치 전라남도 남원시 이백면 평촌리
연락처 016-9543-4933
카페 http://cafe.naver.com/woodturning.cafe

전문가 과정이 있는 공방

◉ 가람가구학교
   위치 서울 강남구 도곡동 954-19
   홈페이지 www.karam.sc.kr/

◉ 광주전통공예문화학교
   위치 광주광역시 북구 용전동
   연락처 062-571-0688

◉ 나비우드
   위치 서울 광진구 자양 3동 513
   홈페이지 www.nobbywood.com/

◉ 도심 속 컨츄리
   위치 서울 용산구 서빙고동
   홈페이지 www.cityincountry.com
   블로그 http://blog.naver.com/sellylee8

◉ 아성목공예술원
   위치 경기도 하남시 풍산동
   연락처 031-791-8444

◉ 아크라프트
   위치 경기도 성남시 분당구 정자동 221-3
   연락처 031-714-8726
   카페 http://cafe.naver.com/arkraft

◉ 우드워킹 아카데미
   위치 경기도 광주시 오포읍 능평리 36-5
   홈페이지 www.woodworkingacademy.com

◉ 우드윈 스쿨
   위치 경기도 안양시 동안구 평촌동
   홈페이지 www.woodwin.co.kr

◉ 유니크마이스터
   위치 경기도 성남시 분당구 정자동 221-4
   연락처 031-716-3339
   홈페이지 www.uniquemeister.com

◉ 한국조형평생예술원
   위치 서울시 강남구 대치동 1008-2
   연락처 02-553-3268
   홈페이지 http://kiad.sc.kr

3. 베란다 공방을 만들어보자!

'베란다 공방'은 말 그대로 아파트나 일반 가정집의 베란다에서 목공 작업을 한다고 하여 붙은 이름입니다. 이렇게 재미난 말이 생겨난 데에는, 베란다 공방만의 장점이 있어서입니다. 우선, 밖에 나가지 않고도 작업이 가능하며, 시간 구애를 받지 않습니다. 틈틈이 작업할 수 있는 장점이 있는 데다, 비용도 적게 듭니다.

그럼 베란다 공방을 만들어본다고 가정해보겠습니다. 먼저 목공 작업을 위한 기본 공구와 테이블, 공구 정리함, 그리고 먼지가 많이 나는 작업에 대비해 집진기가 필요합니다. 물론 목공 기술이 쌓이면 더 많은 도구들이 필요해지지만, 기본적으로는 이렇게만 준비해도 될 듯합니다. 일단 준비를 마치면 작업에 들어갑니다. 집에서 하는 작업이니만큼 시간 구애는 받지 않겠지만, 소음과 먼지만큼은 통제 불가능하니 이왕이면 가구 조립이나 마감을 평일에, 트리머나 루터 같은 전동공구 사용이나 끌질, 망치질 등 소음과 먼지 유발 작업은 주말에 하는 편이 좋습니다.

가구를 만들려면 무엇보다 전동공구를 빈번하게 사용하게 되는데, 베란다 공방에서는 소음을 줄이기가 정말 쉽지 않습니다. 그러므로 나무 재단 서비스를 제공하는 철천지나 툴크래프트 같은 사이트에서 필요한 목재를 주문하고, 베란다 공방에서는 부재를 간단히 조립하고 마감하는 것이 좋습니다. 그 외에 정말 해결하기 어려운 문제로는, 장소의 협소로 인해 만들게 되는 가구의 크기를 마음대로 정할 수 없다는 것입니다. 물론, 고가의 장비 구입도 쉽지 않으니 만드는 데 어려움도 따르고 완성도 높은 가구를 만들기가 쉽지 않죠. 또한 오랜 경험으로 축적된 선배의 노하우를 배우지 못하는 등 기술적인 문제도 따릅니다.

저는 공방에서 많은 시간을 보내는 터라 베란다 공방을 따로 꾸미지는 않았지만, 많은 분들이 소품을 만들거나 도장 마감을 하기 위해 베란다 공방에서 짬짬이 작업하고 있습니다. 아이가 있는 가정에서는 부모와 아이가 함께 가구를 조립하고 페인팅을 하며 유대감을 쌓기도 합니다. 무엇이든 장단점은 있으니 베란다 공방 역시 여건에 따라 활용하는 것이 좋겠습니다.

4. 혼자는 힘들어, 여럿이 뭉치자!
– 공동작업실과 열쇠공방

'공동작업실'은 여럿이 의기투합해 공동으로 목공 작업실을 꾸미는 경우로, 상업적 목적을 띠는 곳도 있고 그렇지 않은 곳도 있습니다. 공동작업실은 대개 베란다 공방이나 가구 공방을 어느 정도 다녔던 분들이 힘을 합쳐 하나의 작업실을 차리는 경우가 많습니다.

그렇다면 공동작업실을 찾는 이유는 무엇일까요? 바로 여럿이 함께하면 가구를 만들 때 기술적인 보완이 된다는 점 때문입니다. 아마추어끼리 모이다보니 전문 교육은 힘들지만, 서로 의견과 지식을 공유하면 잠깐의 도움을 받을 수 있습니다. 물론, 작업자들 중 목공 고수가 있다면 그분의 도움을 받아 견문을 넓히겠지만, 비슷비슷한 수준의 작업자들이 모였다면 열심히 공부해 서로 도우면 됩니다.

하지만 공동작업실 역시 단점은 있습니다. 사공이 많으면 배가 산으로 가듯, 여럿이 함께 움직이다보면 사람들 간의 의견 차이와 운영비 지출 등에 관한 마찰도 있습니다.

또한 공동작업실이라 해도 대개 공간이 넉넉지 않기 때문에 작업자들 간에 스케줄이 겹칠 수 있으며, 정리정돈이며 자재 관리의 어려움 등이 따릅니다. 그래서 공동작업실을 운영할 경우에는 월회비나 운영 규칙에 관한 지침을 마련해두는 게 좋습니다.

'열쇠공방'은 공동작업실과 비슷합니다만, 공방의 주인이 있다는 점이 다릅니다. 즉 주인이 공방의 열쇠를 회원들에게 빌려준다고 해서 열쇠공방이라고 부릅니다. 일정의 보증금이나 연회비 혹은 월회비를 내고 공방을 이용하는 것입니다. 대부분의 열쇠공방은 상업적인 가구제작을 불허하는 경우가 많습니다. 즉 순수 취미 목공을 지향하는 공방이 대부분이지요. 조금 생소한 개념일지 모르지만, 공동작업실(열쇠공방)을 몇 곳 소개하겠습니다.

● 두더지 공방
　　위치　서울시 동작구 방배동 더오슈페리움 2차 지하4층 401호
　　연락처　011-9944-3420(박경래)
　　블로그　http://blog.naver.com/kpoicom

● 마리marie 공동작업실
　　위치　서울 강남구 역삼동 644-29
　　이메일　madmouse@empal.com

● 어렁이 공방
　　위치　인천광역시 남동구 간석 3동 1-110번지
　　카페　http://cafe.naver.com/yle

● 더 우드 스튜디오
　　위치　경기도 용인시 수지구 동천동 45-1
　　연락처　031-261-3004
　　홈페이지　http://woodstudio.co.kr

● 라임하우스 공방
　　위치　경기도 용인시 기흥기 지곡동 255-1
　　카페　http://cafe.daum.net/hk0526

● 아름드리 공방
　　위치　경기도 군포시 당정동 313
　　홈페이지　www.areumdrinamu.com

● 그라티아 공방
　　위치　경기도 하남시 상산곡동 317
　　카페　http://cafe.naver.com/woodgratia

● 도드리 목공방
　　위치　충청남도 대전 유성구 상대동 440-1 하나외과의원 건물
　　카페　http://cafe.naver.com/dodeuri.cafe

공동작업실과 열쇠공방은 공방장의 사정에 따라 문을 닫기도 하는 경우가 종종 생기므로, 목공 카페에서 위치나 연락처를 검색해보고 전화로 문의해본 후 찾아가보는 것이 좋습니다.

한 가지 당부하자면 초보자는 되도록 공동작업실을 피하는 게 좋습니다. 모두들 자기 작업에 열중하다보면 초보자를 섬세하게 챙겨주기가 어렵습니다. 잠깐의 도움은 받겠지만, 지속적인 교육은 기대하기 어려우니 초보자라면 전문가가 운영하는 공방이나 베란다 공방을 택하는 편이 좋습니다. 물론, 제가 생각하는 가장 이상적인 배움의 과정은 초반에 베란다 공방에서 연습하다가 전문가가 운영하는 가구 공방에 다니고, 여유가 된다면 공동작업실이나 열쇠공방으로 옮기는 것입니다.

5. 가구 장인을 찾아가보자

유명한 대목장 한 분이 한때 TV 광고에 나오신 적이 있어 눈길을 끌었는데요, 그렇다면 '대목장'은 어떤 분을 일컫는 말일까요? 아니, 먼저 '대목'은 어떤 의미이며, 또 '소목'은 무슨 의미일까요? 목수는 대목大木과 소목小木으로 구분되는데, 궁궐이나 사찰 등 큰 건축물은 대목이 짓고, 건축물 내부를 꾸미는 일로 조각 작업이나 가구를 만드는 작업은 소목이 합니다. 여기에 '장'을 붙이면 말 그대로, '장인匠人'이라는 의미이지요. 그러니 '대목장大木匠' '소목장小木匠'인 분들은 그야말로 가구 장인들이라 할 수 있습니다. 이분들은 전통 짜맞춤 방식을 고수하시는데, 앞서 말씀드렸듯이 전통 짜맞춤이 어렵다는 건 알고 계실 겁니다. 목공 초보이지만 처음부터 가구 장인에게 전통 목가구 제작 기술을 배우고 싶은 분들을 위해 목공 전문학교와 홈페이지를 운영하는 소목장님 몇 분을 소개하겠습니다.

● 한국 전통공예학교
  홈페이지 www.kous.or.kr

● 한국전통문화학교 전통미술공예학과
  위치 충청남도 부여군 규암면 합정리 430번지
  홈페이지 http://tac.nuch.ac.kr

● 무형문화재 대목장 신응수 선생님
  홈페이지 www.shin-es.com

● 무형문화재 소목장 박명배 선생님
  홈페이지 http://somok.net

● 무형문화재 소목장 심용식 선생님
  홈페이지 www.sungsimart.com

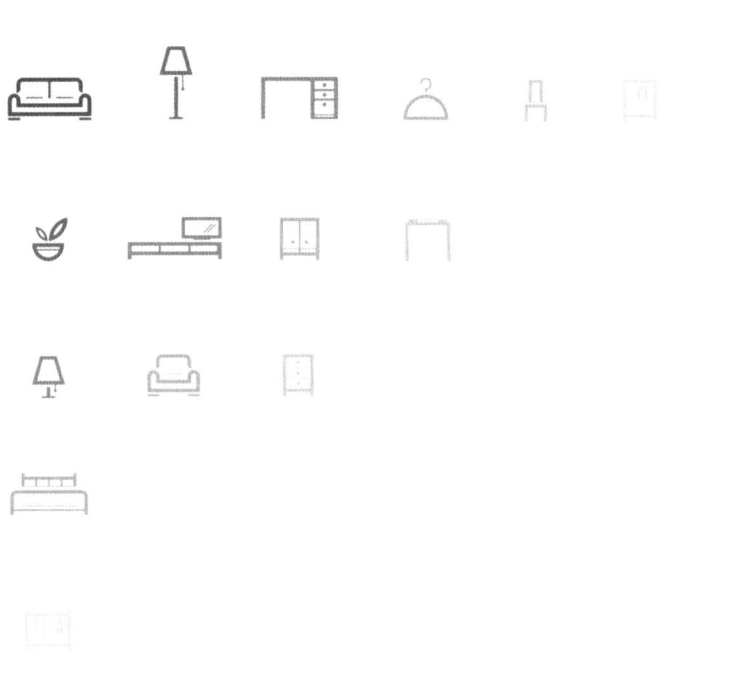

Part 3.

가구 만드는 데 어떤 공구가 필요할까?
- 목공 기본 공구 사용법

1. 보호용품

가구를 제작할 때는 기본적으로 보호용품을 착용하고 작업해야 합니다. 소음이나 날카로운 드릴날 등 각종 위험요소로부터 최소한의 방어라고 생각하고 귀찮더라도 꼭 착용하는 것이 좋습니다. 보호용품에는 마스크, 귀마개, 보안경, 장갑 등이 있습니다. 마스크는 가구를 사포로 샌딩할 때 꼭 착용합니다. 샌딩을 할 때는 나무의 미세 입자들이 공중으로 날아다녀 호흡기에 안 좋은 영향을 미칩니다. 트리머나 루터 등 전동공구를 다룰 때 소음으로부터 귀를 보호하기 위해서는 귀마개가 필수죠. 보안경은 끌 작업을 할 때 상당히 유용합니다. 끌로 목재를 가공하다보면, 나무 파편이 얼굴 여기저기로 튀어 아주 따갑습니다. 일반적으로 도장 마감할 때나 끌 작업할 때, 전동드릴을 사용할 때는 목장갑이나 가죽장갑을 많이 사용합니다. 철로 만든 장갑은 날이 돌출된 기계류를 다룰 때 쓰는 것으로, 보통 초보자들에겐 목장갑이나 가죽장갑 정도만 있어도 충분합니다.

보호용품인 귀마개, 마스크, 보안경,
장갑을 착용한 모습

2. 수공구

수공구는 말 그대로 동력을 쓰지 않는 공구를 통틀어 일컫습니다. 수공구의 종류로는 재단이나 목재를 다듬기 위한 용도로 사용되는 톱·대패·끌, 못 박기에 사용되는 망치, 목재 고정에 쓰이는 클램프, 수치를 재고 재단할 선과 목재의 접합 부분을 표시할 때 쓰이는 샤프·연필·그무개, 목재의 치수를 재는 자 등이 있습니다.

마 킹 공 구

◦ 연 필 과   샤 프

연필과 샤프는 목재에 수치를 표시하고 재단선을 그릴 때 필요한 도구로, 가장 기초가 되면서도 그만큼 중요합니다. 잘못 표시하면, 조립 후 직각이나 수평이 맞지 않으니까요. 보통 연필은 심이 두꺼워 목재에 크게 표시할 때 사용하며, 샤프는 가는 선을 표시할 때 이용합니다. 반드시 이 사용 수칙을 지켜야만 오차를 줄일 수 있습니다. 심의 두께 탓에 실제 수치와 차이가 날 수 있거든요.

가구 제작에서는 대개 0.3~0.9mm 두께의 샤프를 사용하는데, 특히 짜맞춤 방식으로 가구를 만들 때는 0.3~0.5mm 정도의 샤프를 쓰는 게 좋습니다. 예를 들어 정확한 직선을 자르고자 등대기톱을 사용할 경우, 톱날의 면적이 보통 0.3mm이기 때문에 재단을 하면 이 톱날의 면적인 0.3mm씩 톱밥으로 날아갑니다. 그러니 0.3mm 정도의 오차를 열 번 내면 3mm나 차이가 나겠죠. '고작 3mm쯤이야'라고 생각하시나요? 한번 조립해보세요. 엄청난 구멍이 보일 겁니다. 임시방편으로 '메꿈이'라는 제품을 이용해서 구멍을 메우는, 일명 '땜빵'을 할 수도 있지만, 미관상 보기 안 좋습니다. 구조적인 문제도 발생할 수 있고요.

▶ 목재에 마킹할 때 필요한 연필과 샤프

▶ 연필과 샤프로 그은 재단 선 비교

◦ 그 무 개 (마 킹 게 이 지)

그무개는 반복적으로 선을 긋거나 일정한 간격으로 선을 그을 때 쓰는 공구로, 끌질이나 톱질을 하기 전에 길을 내주는 역할도 합니다. 그무개의 종류로는 외날 그무개, 양날 그무개, 휠 마킹게이지 wheel marking gauge 등이 있습니다. 그무개는 동양식과 서양식이 있는데 동양식은 날로 이루어져 있으며 나무 쐐기로 고정되어 있고, 서양식은 뾰족한 핀으로 마킹이 이루어집니다.

▶ 벌어진 틈을 자투리 나무로 메운 모습

그무개는 목재에 정확하게 면을 대고 사용해야 오차 없이 선긋기를 할 수 있습니다. 또 그무개를 사용하면 목재에 날의 자국이 나므로, 정확하게 그은 다음 반드시 날 자국을 대패나 사포 샌딩으로 없애줘야 합니다. 자, 그럼 그무개의 사용 방법을 알아볼까요?

동양식 그무개

휠 마킹게이지

• 그무개 사용법

① 그무개 뒷면에 자를 대고 받침대에서 날까지의 길이를 잰다. 받침대를 움직여 그으려는 너비와 그무개의 간격을 맞춘 다음 고정한다.

② 받침대를 기준으로 일직선이 되도록 그어준다. 이때, 목재와 그무개의 면이 정확하게 딱 맞아야 한다.

◢ 그무개를 바르게 사용한 예

부재와 그무개 사이가 벌어지면 안 돼죠!

◢ 그무개를 잘못 사용한 예

　　나무로 만든 그무개는 머리판과 막대기둥이 딱 맞게 끼어 있기 때문에 목재가 팽창하면 움직이지 않을 수 있으므로, 습기가 많은 작업장에서는 뚜껑 달린 보관함에 넣어두는 게 좋습니다. 그리고 그무개도 날이 있습니다. 갈아서 써야 한다는 뜻이죠. 그무개의 날을 평소에 갈아두어 잘 관리해야 그무개를 사용했을 때 목재의 사이즈에 딱 맞게 선이 나옵니다.

측정공구

◦ **자**

자는 수치를 재고 목재의 접합 부분을 표시할 때 쓰는 공구로, 직각자, 줄자, 연귀자, 직선자, 슬라이딩각도자, 캘리퍼스calipers 등이 있습니다. 직각자는 목재의 직각(90도)을 확인할 때 유용하게 쓰입니다. 그렇기 때문에 자 옆에 달린 금속이 두꺼울수록 좋습니다.

가장 많이 쓰는 금속직각자는 15cm부터 1m까지 다양하나, 기본적으로 15cm, 30cm 자는 구비하는 게 좋습니다. 금속자는 목재의 평면을 검사할 때에도 쓰입니다. 잘 휘어지는 금속자의 특성 때문에 타원형을 그릴 때도 용이합니다. 길이가 긴 금속자는 사개맞춤이나 주먹장맞춤을 할 경우, 판재를 균일하게 나눌 때도 쓰입니다.

플라스틱자보다 금속자를 쓰는 이유는 플라스틱은 부러질 수 있어서입니다. 플라스틱 자는 길이가 보통 30cm 이상의 것이 없습니다. 가구를 제작하다보면 다양한 길이의 자가 필요합니다. 대개 자에는 눈금이 표시되어 있는데, 회사마다 약간씩 치수가 다릅니다. 그러니 용도에 따라 여러 개를 구입할 때는, 모두 동일한 회사의 제품을 사용하는 것이 좋습니다.

직각연귀자

연귀자

캘리퍼스

직각자

한쪽이 무거운
구조로 수평을
확인할 때 쓰면
편리하죠

줄자

슬라이딩각도자

직선자

직각자

직선자

。자의 종류

직각자 직각을 맞추어 선을 긋거나 모서리각을 잴 때 쓰인다.

연귀자 45도를 표시하거나 1/2씩 절단된 맞춤부재의 정확성을 검사할 때 쓰인다.

직각연귀자 직각자와 연귀자를 합쳐놓은 모양으로, 목재의 두 면을 한 번에 그을 때 편리하다.

직선자 목재 표면의 평평함을 검사하고 목재의 절단면을 표시할 때 사용하며, 길이별로 다양하다.

슬라이딩각도자 자유롭게 각도를 바꿀 수 있어 기존의 꺾인 각도를 잴 때 쓰인다.

캘리퍼스 목재의 정확한 두께를 재거나 구멍의 깊이(너비)를 잴 때 쓰인다. 1/100의 정밀도를 가지는데,

　　　요즘에는 디지털로 치수가 나오는 것도 있다.

줄자 판재의 길이나 높이를 잴 때 많이 쓰인다. 보통 3~5m 내외의 줄자를 많이 사용한다.

직각자를 이용하여 마킹하는 모습

연귀자를 이용하여 사선을 마킹하는 모습

직각선이
이어져야
합니다.

직각연귀자를 이용하여 마킹하는 모습

톱

톱은 가구를 만드는 데 가장 기본적인 공구로, 톱니에 따라 자르는 날과 켜는 날로 구분됩니다. 자르는 날은 나뭇결과 직각으로 자르는 날로, 톱니가 촘촘합니다. 켜는 날은 나뭇결과 같은 방향으로 톱질하기 때문에 자르는 날보다 톱니가 적습니다. 좋은 톱은 톱밥이 잘 빠져나오도록 톱니 윗부분이 톱날보다 얇게 만들어져 있습니다. 일명 테이퍼 그라운드taper ground라고 하죠. 서양 톱과 동양 톱은 손잡이 부분이 달라 손 잡는 방법에 차이가 있습니다. 동양 톱은 손잡이 부분이 길쭉하지만, 서양식은 손잡이 부분이 짧아 권총 손잡이처럼 생겼습니다. 톱의 종류는 무척 다양한데 초보자는 등대기톱 하나만 구비해도 가구 만드는 데는 충분합니다.

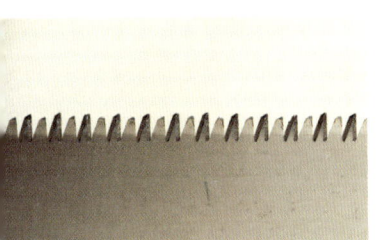

▶ 자르는 날

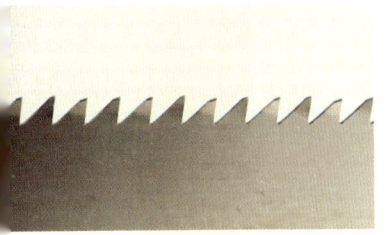

▶ 켜는 날

◦ 톱 의 종 류

외날톱 한쪽만 자르거나 켜는 날로 이루어져 있으며, 두꺼운 목재를 자를 때 쓰인다.

양날톱 한쪽은 자르는 날, 한쪽은 켜는 날로 이루어져 있다. 반대쪽 날이 목재에 안 닿도록 각도를 낮추어서 사용해야 하므로 두꺼운 원목보다는 판재를 자르는 데 유용하다.

등대기톱 고운 톱질에 쓰는 톱으로, 날이 휘지 않게 등을 두껍게 대어주었다. 톱날이 얇아 짜맞춤 가구를 만들 때 많이 쓰인다.

쥐꼬리톱 톱날은 얇고 끝이 가늘어진 형태로 이루어져 목재에 구멍을 낼 때 쓰인다. 톱날은 자르거나 켤 때 함께 쓸 수 있도록 만들어졌다.

실톱 판재에 모양을 내거나 짜맞춤 작업을 할 때 쓰인다. 날은 직선용과 곡선용이 있는데, 교체가 가능하다. 쥐꼬리톱과 마찬가지로 켜는 용도와 자르는 용도에 함께 쓸 수 있도록 만들어졌다.

탕개톱 뜰톱이라고도 하며, 서양에서는 프레임톱이라고 부른다. 모양은 동서양이 비슷하다. 톱날은 교체할 수 있으며, 보통 두 사람이 함께 작업한다. 전통 방식으로 가구를 만드는 장인들이 주로 사용

외날톱

등대기톱

플러그톱

쥐꼬리톱

실톱

양날톱

탕개톱

하는 톱이다.

플러그톱 작은 판재를 자르거나, 가구의 나사못 구멍을 메운 나무못을 제거할 때 유용하다. 톱날이 잘 휘어지고 날의 두께가 얇기 때문에 두꺼운 목재에 사용하면 날이 상하기 쉽다. 양쪽에 날이 있는 것과 한쪽에만 날이 있는 제품이 있다.

• 톱 사용법

① 목재 위에 마킹해놓은 연필 선에 엄지손가락을 대고 톱이 흔들리지 않게 고정한 다음 톱질해서 톱길을 낸다.

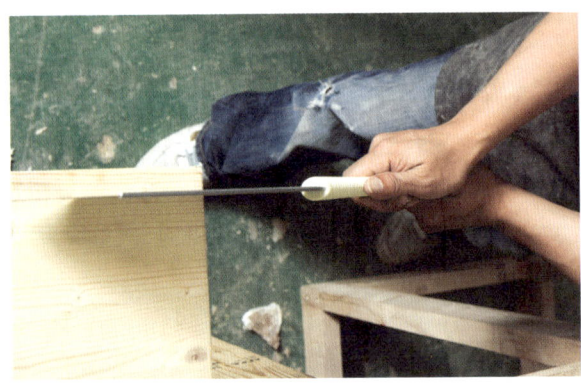

② 톱을 잡을 때는 너무 톱 쪽에 가깝게 잡는 것은 좋지 않다. 사람마다 약간씩 다르지만, 보통 톱자루의 2/3쯤 되는 위치에 손을 두고 작업하는 게 좋다.

③ 반듯하게 톱질을 하려면 눈과 톱날의 위치가 나란해야 한다. 톱이 흔들리지 않도록 톱자루를 부드럽게 쥔 다음, 팔을 겨드랑이에 붙인 채 톱질하는 것이 바른 요령이다.

대 패

대패는 목재의 표면을 평평하게 만들 때나 목재의 모서리를 둥글게 만들 때, 톱으로 켜 낸 목재의 표면을 매끈하게 다듬거나 목재의 두께를 고르게 할 때 주로 쓰입니다. 대패 는 크게 서양식과 동양식으로 나누는데, 서양식 대패는 밀면서, 동양식은 당기면서 대패 질이 됩니다.

서양식 대패

동양식 대패

장대패 단대패 턱대패 남경대패

동양식 대패의 종류

평대패 장대패와 단대패로 나눈다. 목재의 면을 평평하게 하거나, 단 차이가 나는 곳을 같은 높이로 맞

　　　출 때 쓰인다.

턱대패 대팻집 바닥에 턱이 나와 있는 것이 특징으로, 모서리를 턱이 지게 깎아낼 때 쓰인다.

남경대패 손잡이처럼 생긴 대팻집 가운데에 대팻날이 있다. 두 손으로 쥐고 당기면서 쓴다.

배대패 오목하게 파인 부분을 깎을 때 쓰인다.

오금대패 대팻집 바닥과 대팻날이 오목하다. 깎이는 면이 둥글어 각재의 모서리를 둥글게 만들 때 유

　　　용하다.

홈대패 여러 가지 홈을 팔 때 쓰인다. 홈의 너비에 따라 대팻날의 크기가 각각 다르다. 제일 많이 쓰이

　　　는 홈대패는 19mm와 24mm이다.

둥근대패 대팻집 바닥과 대팻날이 둥글다. 오목한 면을 깎을 때 쓰인다.

배대패   오금대패   홈대패   둥근대패

    대패질은 나뭇결을 살펴서 순결 쪽으로 해야 거스러미가 일지 않고 표면이 매끈해집니다. 순결은 대패질을 하면서 매끄럽게 밀리는 쪽이고, 엇결은 거스러미가 일어나는 쪽으로 순결 쪽으로 깎아야 면이 곱고 힘이 덜 듭니다.

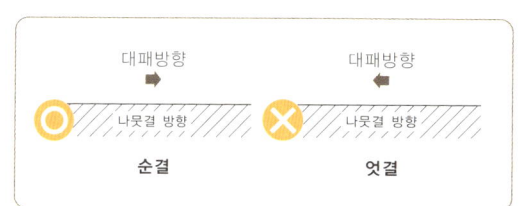

대패방향 →   대패방향 ←
◎ 나뭇결 방향   ✕ 나뭇결 방향
순결   엇결

    여러 대패 가운데 보통 평대패를 가장 많이 쓰는데, 단대패와 장대패는 꼭 구매해두세요. 단대패는 조그마한 목재의 면을 평평하게 잡을 때 편리하고, 장대패는 큰 판재에 사용하기 좋거든요.

    대패는 대팻집, 어미날, 덧날로 구성됩니다. 대팻집은 보통 오크나무(참나무)로 만들며, 대팻날은 주물에 따라 가격 차이가 천차만별입니다. 초보자는 2만 원대 대패를 사용하면 큰 무리는 없습니다. 어미날은 나무를 깎는 날이고, 덧날은 거스러미가 일어나는 나뭇결을 눌러주는 날입니다. 동양식 대패를 보관할 때에는 날이 바닥에 닿지 않게 대팻날을 옆으로 두는 것이 좋습니다. 그래야 대팻날이 상하지 않거든요.

대팻집

덧날   어미날

◤ 대패는 대팻집, 어미날, 덧날로 구성되어 있다.

◤ 대팻날을 옆으로 두고 보관하는 것이 좋다.

• 대팻날 맞추는 법

❶ 어미날을 대팻집에 밀어넣고, 망치로 어미날의 위쪽을 살살 때려넣는다. 날이 대팻집 바닥에 0.1mm 정도 나오면 덧날을 망치로 쳐서 끼운다.

❷ 대패를 뒤집어 대팻집과 시선을 일직선이 되도록 맞춘 다음 대팻날이 대팻집 바닥 위로 고르게 나와 있는지 살핀다. 어미날이 0.2mm 정도 나올 때까지 망치로 친다.

• 대팻날 빼는 법

◤ 손바닥으로 대팻집을 잡고 검지손가락으로 어미날을 잡은 다음 망치로 대패 머리 양쪽을 번갈아 때리면 대팻날이 나온다. 대패 머리 가운데를 망치로 때리면 대팻집이 깨질 수도 있으므로 주의하자.

• 대패 잡는 법

◤ 한 손으로 대팻집의 머리를 감싸고, 다른 손의 검지로 대팻밥이 나오는 쪽을 걸고 손바닥으로 대팻집을 잡는다.

대패를 구입할 때는 무슨 대패를 사는 게 좋을까요? 저는 '고속도 고간나'라는 제품을 추천합니다. '간나'는 일본어로 대패라는 뜻이며 '고'는 높을 고高를 뜻합니다. '고속도 고간나' 대패는 하이스강으로 만들고 일반 대패의 2/3 정도 크기입니다. 크기도 아담할뿐더러 성능도 좋습니다.

마지막으로 대패를 구입한 후 처음 사용할 때는 반드시 대팻집에 기름을 먹여놓아야 한다는 것도 잊지 마세요. 그래야만 나무와의 마찰력을 최대한 줄일 수 있거든요. 기름은 집에서 쓰는 식용유를 사용해도 무방합니다. 대패에 기름 먹이는 방법은 우선 대팻날을 뺀 다음 기름이 빠져나가지 않도록 대팻날 쪽을 스카치테이프로 잘 막아줍니다. 그러고 나서 대팻집에 기름을 채운 다음 기름이 전부 흡수될 때까지 두었다가 테이프를 떼고 사용하면 됩니다.

끌

끌은 목재에 구멍을 뚫거나 홈을 팔 때 쓰이는 도구로, 대패로 작업하기 어려운 곳을 깎을 때도 유용합니다. 끌은 팔 때와 깎을 때 등 용도에 따라 날의 생김새가 다릅니다. 또 나무망치나 쇠망치로 때리면서 쓰는 끌과 손으로 밀어 쓰는 끌이 있습니다. 때리면서 쓰는 끌은 장부구멍이나 홈을 팔 때 많이 쓰이고, 밀어 쓰는 끌은 목재의 겉면을 다듬을 때 쓰입니다.

끌은 보통 평끌, 직각끌, 둥근끌로 나눕니다. 평끌은 3~38mm까지 크기가 다양한데, 보통 많이 쓰는 끌은 3mm, 6mm, 16mm, 19mm, 25mm, 32mm, 38mm 정도입니다. 좀 많은가요? 공방에서 수공구를 이용할 수 있다면 개인적으로 3mm, 6mm, 16mm, 32mm 정도만 구비하고, 나머지는 공방 것을 사용하세요. 장비는 있으면 모두

쓰게 마련이지만, 초보자가 다 갖출 필요는 없겠죠.

평끌은 홈을 파거나 모서리를 다듬을 때 씁니다. 쓰임새가 가장 많은 끌이죠. 예를 들어 홈을 25mm 깊이로 파려면 어떤 끌을 써야 할까요? 25mm라고 생각하셨다면, 거의 고수의 경지에 오른 겁니다. 19mm짜리 끌을 사용해서 두 번 작업을 하는 게 좋습니다. 끌은 망치로 쳐서 작업을 하므로 밀릴 수 있기 때문이죠. 밀리는 실수를 하다보면 나중에 목재를 결합할 때 메워줘야 하는 수고를 하게 되거든요. 직각끌은 끌이 90도 방향으로 두 개가 있습니다. 주로 제비초리 홈을 팔 때 쓰이며, 가끔은 직각을 맞출 때에도 이용합니다. 그 외에 둥근끌은 모서리를 둥글게 다듬을 때 쓰입니다.

끌은 종류도 다양한 만큼 가격 또한 몇 천 원대부터 몇 십만 원대까지 정말 편차가 큰데요, 초보자는 저가의 끌을 사용하다 차츰 고가의 끌로 바꿔나가는 게 좋습니다. 모든 공구는 손에 익어야 비로소 제값을 발휘하거든요. 그러니 저가의 끌을 구입해 사용법을 충분히 숙지하세요.

3mm　6mm　9mm　16mm　19mm　25mm　32mm　38mm

평끌

• 막힌 홈 파는 방법

❶ 패널 자리를 샤프로 그린다.

❷ 스페이드 비트를 이용하여 원하는 깊이의 홈을 파주면 작업이 더 간편해진다. 스페이드 비트가 없다면 이 과정을 생략해도 된다.

❸ 목재를 클램프로 조여서 움직이지 않게 한 후, 잘라낼 부분에 끌날을 수직으로 대고 망치로 끌 자루의 끝을 가볍게 툭 친다.

V컷

❹ 자를 선에 V컷을 먼저 해주면 끌질 자리가 깨끗하게 된다. 자를 선보다 안쪽에서부터 끌질을 한다. 끌로 단번에 나무를 파내려고 하면 나무가 쪼개지거나 구멍이 넓어질 수 있다.

❺ 끌을 세워 패널 자리를 여러 조각으로 미리 내어놓는다.

❻ 끌을 수직으로 세워 망치로 쳐주면서 테두리를 깨끗이 파내어 마무리한다.

• 뚫린 홈 파는 방법
앞쪽에 나온 '막힌 홈 파는 방법' ❶~❻ 까지의 과정과 똑같다

❼ 위에서 2/3 정도 끌질해서 홈을 판다.

❽ 한쪽을 끌질한 다음 뒤집어놓고 반대쪽을 끌을 망치로 때려 파 내어 뚫린 홈을 완성한다.

평끌을 갈 때는 뒷날부터 갈아준다.

끌은 소모품이라 날이 닳아 없어집니다. 그러니 숫돌로 자주 갈아주는 일도 잊지 마세요. 저는 초보 시절, 세 시간 동안 끌 가는 연습만 했던 적도 있답니다. 수공구를 쓰는데, 끌 가는 법을 익히는 건 기본입니다. 수공구를 다룬다는 것은 수공구의 날을 가는 것부터가 시작이라고 해야겠지요. 끌이나 대팻날을 가는 건 시간의 투자입니다. 날물을 쓰기만 할 줄 알아서는 안 되지요. 자신의 것을 소중히 다룰 줄 아는 것 또한 배움의 연장입니다. 평끌을 갈 때에는 뒷날부터 간 다음, 앞날을 갈아주도록 합니다. 뒷날의 상태가 좋으면 날 가는 작업을 생략해도 좋습니다. 만약 날 상태가 평평하지 않거나 닳았으면 갈아줘야 합니다.

또 한 가지, 끌 작업을 할 때에는 항상 조심해야 합니다. 망치로 쳐서 작업할 때에는 크게 상관없지만, 마무리 작업을 할 때에는 손을 끌 앞에 놓으면 절대 안 됩니다. 자칫

끌이 엇나가 손에 상처를 입히기 때문이죠. 저 역시 가끔은 이 사실을 잊고 손을 벤 적이 있습니다. 수공구로 작업할 때 장갑을 끼고 작업하는 분들도 있는데, 저 역시 벨트샌더나 전동드릴 작업, 끌 작업 때 장갑을 착용합니다. 그리고 끌 작업에는 보안경을 필수로 착용하는 게 좋습니다. 나무 파편들이 가끔씩 튀어 얼굴에 상처를 입히기도 하거든요.

끌을 보관할 때는 날이 바닥에 닿지 않도록 유의하는 것도 잊지 말아야겠죠. 되도록 천이나 가죽으로 된 주머니에 넣어 보관하거나 자석공구걸이에 붙여놓는 것이 가장 좋습니다.

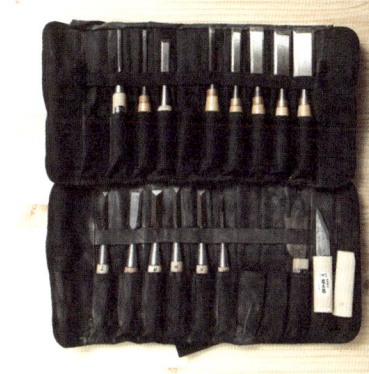

◣ 천 혹은 가죽 케이스로 끌을 덮어서 보관하는 것이 좋다.

망 치

못을 박거나 가구를 짜맞출 때, 끌질을 할 때 쓰입니다. 망치의 종류로 노루발장도리, 뿔망치, 고무망치, 나무망치 등이 있는데, 망치는 어떤 작업을 하느냐에 따라 조금씩 쓰임새가 다릅니다. 고무망치나 나무망치는 끌 작업을 할 때 많이 쓰이고, 보통 '빠루망치'라고 부르는 뿔망치는 못을 박거나 뺄 때 이용합니다.

그리고 조금 의외겠지만, 만들어진 가구를 부술 때도 망치가 요긴하죠. 이런 경우는 흔치 않으나, 완성된 가구 중 잘못 조립하여 다시 분해할 때 망치로 때려야 합니다. 이럴 때는 가구를 완전히 버리는 것이 아니고 분해한 나무 판재를 재활용해야 하기 때문에 조심스럽게 망치질을 해야겠죠. 힘 조절을 잘못하여, 목재에 망치 자국이 선명하게 났다면 뜨거운 물에 수건 등을 적셔 갖다대세요. 그리고 약 1~2분 뒤에 다리미로 다리면 90퍼센트 이상 원상복구됩니다.

뿔망치　　노루발장도리　　나무망치　　우레탄망치　　고무망치

숫돌

숫돌은 끌이나 대팻날처럼 쇠로 된 연장을 갈 때 쓰입니다. 끌이나 대패와는 정말 떨어질 수 없는 사이죠. 숫돌은 10번부터 8000번까지 다양한데, 숫자가 높을수록 면이 곱습니다. 처음에는 80~400번으로 갈고, 중간에 600~2000번 숫돌을 이용하고 3000~8000 번으로 마무리하는 게 좋습니다. 숫돌은 여러 종류를 갖추면 이상적이지만 처음에는 우선 200번과 1000번 두 가지를 구입하면 됩니다.

숫돌도 소모품입니다. 끌이나 대팻날을 갈면 숫돌의 면도 닳지요. 그렇다면 평면이 안 맞게 되는데, 이때 필요한 게 숫돌 평잡이입니다. 숫돌도 갈아야 한다는 얘기죠. 왜 자꾸 가는 얘기만 하냐고요? 그만큼 중요하니까요. 날을 갈려면 숫돌의 면이 평평해야

1000번 숫돌   200번 숫돌   다이아몬드 숫돌

끌이나 대팻날이 제대로 갈립니다. 갈아 쓰는 번거로움을 덜어주고자 새로 나온 제품이 다이아몬드 숫돌입니다. 다이아몬드 숫돌 역시 일반 숫돌과 마찬가지로 종류가 다양한데, 일반 숫돌과 같은 번호를 쓰면 됩니다. 일반 숫돌은 사용하기 전에 물에 담가두어야 하지만 다이아몬드 숫돌은 건식 방법이라 물이 필요 없죠. 가는 방법은 일반 숫돌과 동일합니다. 숫돌에 끌날이나 대팻날을 갈 때 날의 면이 평평하게 나오지 않고, 약간의 굴곡이 생기는 경우가 있습니다. 대개 초보자가 범하기 쉬운 실수인데, 날을 갈 때 면을 평평하게 잡을 수 있도록 도와주는 지그가 있으므로 이것을 이용하면 편리합니다.

▶ 지그를 대고 숫돌에 끌날을 갈면 일정하게 갈 수 있어 편리하다.

• 숫돌 가는 법

❶ 일반 숫돌은 사용하기 전에 대략 10~15분쯤 물에 먼저 담가놓는다.

❷ 거친 숫돌(200번 정도)에 먼저 대팻날이나 끌을 간다.

❸ 마무리는 가는 숫돌(1000번 정도)로 갈아준다.

• 지그를 이용해 숫돌 가는 법

❶ 끌에 지그를 장착한다.

❷ 한 손으로 끌을 잡고 다른 손으로 지그를 잡은 채 갈아준다.

3. 전동공구

전동공구는 전기를 이용해서 쓰는 공구를 말합니다. 전동공구의 경우 크게 배터리를 이용하는 충전식과 전원에 연결해 쓰는 전기식이 있습니다. 충전식 전동공구는 장소에 상관없이 자유롭게 이동하면서 쓸 수 있는 장점이 있습니다. 구멍을 뚫거나 나사를 박는 등 비교적 큰 힘이 필요치 않는 작업에 사용하기 편리합니다. 전기식의 경우에는 파워가 충전식보다 좋지만 전깃줄이 있어 사용하는 데 불편함이 따릅니다.

드 릴

드릴은 전동공구의 가장 기본적이며 대표적인 공구로, 쓰임새가 가장 많습니다. 일반적으로 나사못을 조이고 목재나 벽에 구멍을 뚫는 등의 용도로 사용됩니다. 드릴은 보통 배터리가 달린 전동드릴과 전기로 사용하는 전기드릴이 있는데, 전기드릴의 성능이 더

▶ 충전식 전동드릴

▶ 전동드릴에 나사 드라이버 비트(왼쪽)와 이중드릴날(오른쪽)을 끼운 모습

목재와 드릴날이 직각이 되어야 합니다.

▶ 전동드릴을 사용할 때는 직각으로 박아야 한다. 직각이 아닐 경우 이중드릴날이 부러지거나 나사못이 잘 안 박힐 수 있다.

좋습니다. 그렇다고 전동드릴이 힘이 없는 건 아닙니다. 전동드릴을 잘 살펴보면 9.x, 14.x볼트라고 씌어 있는데, 14볼트 이상을 구입하면 대부분의 가구 제작 시 유용하게 쓸 수 있습니다. 벽에 구멍을 뚫을 때 최소 14볼트 이상 되어야 힘이 덜 듭니다.

전동드릴을 구입할 때 양방향으로 작동되는 드릴을 선택하세요. 양방향이란 나사못을 조이거나 뺄 수도 있는 것을 말합니다. 이왕이면 속도 조절도 가능한 것이 좋습니다. 처음부터 일정한 속도로 돌아가는 게 아니고 속도 방아쇠를 당길 때 조금만 당기면 천천히 돌고 많이 당기면 빨리 도는, 속도 조절이 가능한 제품이 있거든요. 이런 공구는 한번 사면 거의 고장 날 때까지 쓰기 때문에 처음부터 좋은 제품을 구입하기를 권합니다.

정리해서 말씀드리면 전동드릴을 살 때 고려할 점은, '드릴의 출력은 14볼트 이상 되는가? 양방향으로 작동하는가? 속도 조절 장치는 있는가? 드릴을 잡았을 때 편하게 잡히는가?' 등입니다.

비 트

비트bit는 나사 드라이버 비트, 목공용 드릴 비트, 철재용 드릴 비트, 스페이드spade 비트, 이중드릴날, 홀쏘hole saw 등 여러 가지가 있습니다. 이처럼 종류가 다양하므로, 세트로 비트를 구입하기를 추천합니다.

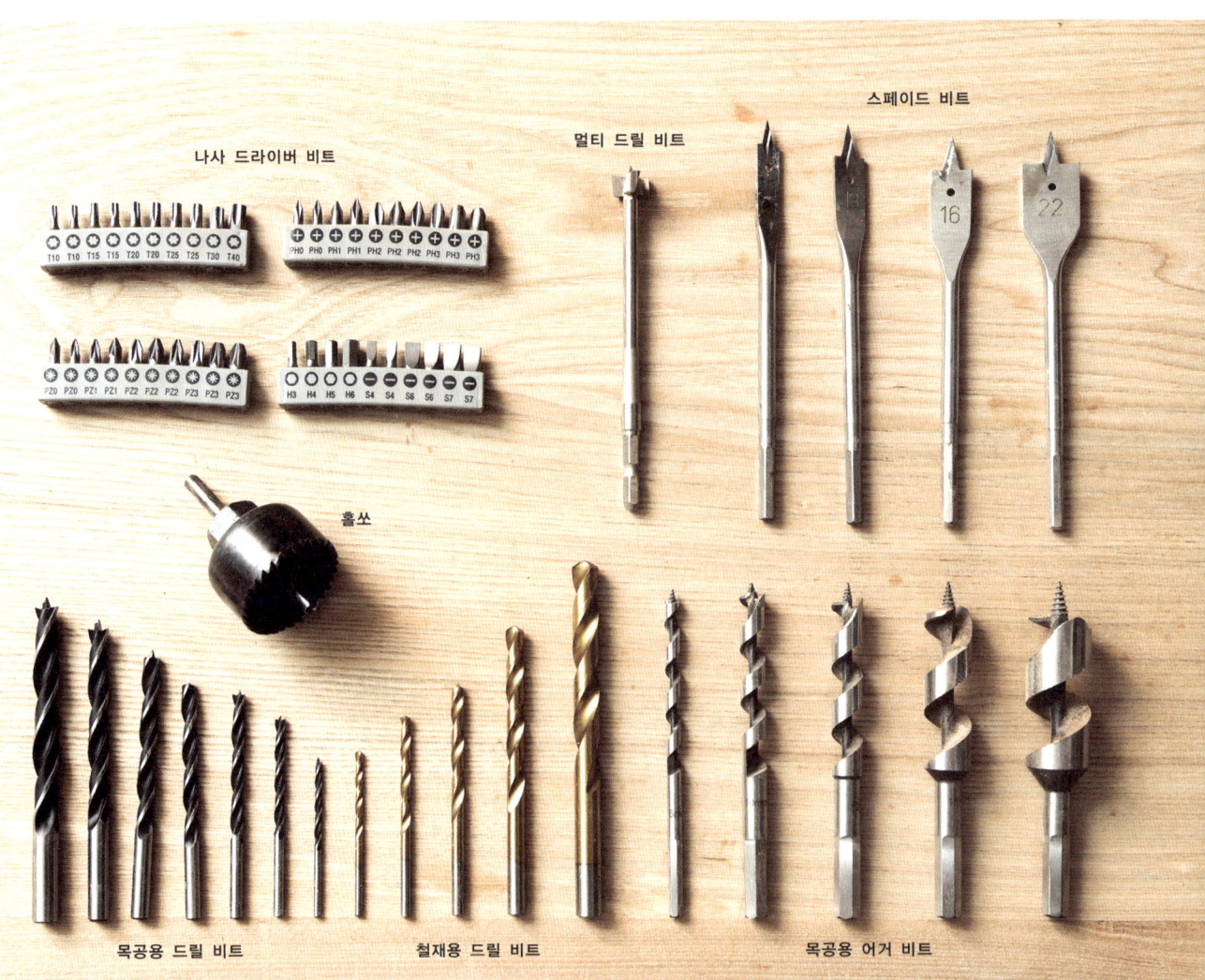

나사 드라이버 비트

멀티 드릴 비트

스페이드 비트

홀쏘

목공용 드릴 비트

철재용 드릴 비트

목공용 어거 비트

나사 드라이버 비트 나사못을 박을 때 쓰이는 비트로, 전동드릴을 사면 기본으로 들어 있습니다. 드라이버 비트의 경우 십자나사못과 딱 맞지 않으면 나사못 머리 부분이 망가지는 경우가 허다합니다. 그러므로 본인이 주로 쓰는 나사못에 맞는 비트로 구입해놓는 것이 좋습니다. 이 외에도 십자형과 일자형 혹은 십자형으로만 되어 있는 비트도 있습니다. 길이도 여러 가지인데, 짧은 것과 긴 것 두 가지 정도만 구비하면 무척 편리합니다.

철재용 비트 말 그대로 철재에 구멍을 뚫을 때 쓰이는 비트입니다. 보통 13~25mm를 많이 사용합니다.

목공용 비트 비트의 날이 왕관 형태로 뾰족하게 생겨 칼날이 튀어나와 있습니다. 목재에 구멍을 뚫을 때 쓰입니다. 2~6mm를 가장 많이 사용합니다. 목공용 비트와 금속용 비트는 비슷해 보이기 때문에 구입할 때 잘 살펴야 합니다. 목공용 비트와 금속용 비트는 끝을 잘 확인해야 합니다.

스페이드 비트 6~38mm의 비교적 큰 구멍을 뚫을 때 쓰이는 비트로, '보링 비트'라고 불리기도 합니다. 스페이드 비트는 구멍을 파기 위해 목재 면을 파고들어가는 형태로, 날 중앙이 뾰족하게 나와 있습니다. 스페이드 비트의 경우 가운데 리드 포인트가 길기 때문에 목재 반대편에 구멍이 나지 않도록 주의해야 합니다. 얇은 목재에 사용할 때 좀 불편합니다.

홀쏘 지름 25~89mm의 구멍을 팔 수 있는 비트로, 싱크대경첩을 달 수 있게 홈을 파거나 손잡이를 만들 때 주로 쓰입니다.

이중드릴날 소프트우드로 가구를 만드는 분이라면 꼭 구비해야 하는 비트입니다. 흔히 '이중기리'라고도 부르죠. 목재에 이중으로 구멍을 뚫어주는 이중드릴날은, 나무못을 넣을 수 있게 목재 표면에 8~10mm 구멍을 내주고, 안쪽에는 나사못이 들어갈 수 있도록 보통 3mm 홈을 한 번에 만들어줍니다. 가격은 몇 천 원대부터 몇 만 원대까지 다양하며, 날을 교체해 사용 가능합니다. 목공용 비트나 이중드릴날을 쓰는 이유는 목재에 구멍을 내지 않고 나사못을 박으면 목재가 쪼개지기 쉽기 때문입니다.

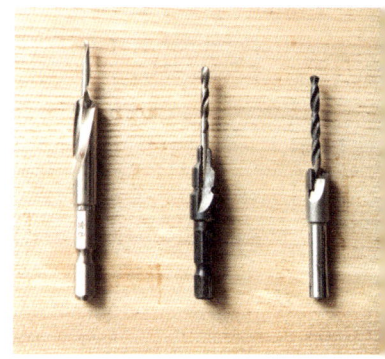

가구 제작 시 꼭 필요한 이중드릴날. 저렴한 것부터 고가의 것까지 다양한 제품이 판매되고 있다.

이중드릴날을 이용하여 나사못을 박은 것(왼쪽)과 그냥 박은 것(오른쪽)의 차이. 나사못을 그냥 박으면 목재가 쪼개지기 쉽다.

원 형 톱

원형톱은 공방이나 작업실에서 자주 쓰는 톱으로, 커다란 판재를 직선이나 사선으로 자르기가 가능합니다. 작업장에 테이블쏘가 갖춰져 있더라도, 원형톱은 들고 다니면서 작업할 수 있기 때문에 아주 요긴하게 쓰이죠. 테이블쏘같이 고정된 톱만으로는 커다란 판재를 마음대로 자르기가 쉽지 않으니까요.

　　원형톱을 살 때는 톱날의 인치를 보면 됩니다. 보통 마키타Makita 제품을 많이 사용하며, 8인치나 10인치를 구입하면 유용합니다. 원형톱을 이용하여 커다란 판재를 직선으로 자르는 일은 쉽지 않으므로, 이때 원형톱이 일직선으로 나아갈 수 있도록 고정시켜 주는 지그(조기대)가 필요합니다. 이런 지그는 변형되면 안 되므로 MDF나 합판으로 만드는 게 제일 좋습니다.

▼ 원형톱

원형톱은 톱날이 보호대에 가려져 있다가, 판재를 자를 때 톱이 밖으로 나옵니다. 위험할 수 있으므로 작업할 때 특별히 주의해야 하죠. 원형톱을 사용하기 전에는 판재에 못이나 나사못이 있는지 확인하세요. 이런 것들은 톱날에 손상을 가져오거든요. 마지막으로, 톱날을 교체할 때 전기 플러그를 뽑는 것도 잊지 마세요.

▼ 큰 판재를 원형톱으로 자르는 모습

지 그 쏘

지그쏘jig saw는 집에서 작업하는 분들이 원형톱 대신 많이 사용하는 공구로, 불규칙적인 형태를 적절히 재단·가공할 수 있습니다. 프로방스풍 가구들에 장식된 하트 모양처럼 원하는 모양을 내고 싶을 때 자주 쓰는 공구입니다. 정밀한 재단은 힘들지만, 지그를 놓고 사용하면 일정한 간격으로 재단도 가능하고, 곡선도 절단할 수 있어 아주 유용합니다.

◤ 지그쏘

지그쏘는 날이 밑에 달려 있어 상하로 움직여 목재를 절단하도록 되어 있습니다. 또, 직선보다는 곡선을 자르는 데 더 유용합니다. 지그쏘의 날은 편리하게 교체할 수 있어, 날에 따라 금속이나 플라스틱도 자를 수 있습니다. 가격은 10만 원대부터 30만 원대까지 다양합니다.

날이 밑에 있지만 사용할 때는 주의를 요합니다. 손가락을 날 근처에 두면 안 되겠죠. 그리고 지그쏘는 톱날 밑에 장애물이 있으면 위험합니다. 원형톱이나 지그쏘, 루터, 트리머 등 전기를 이용해서 쓰는 공구들은 사용 시 안전을 위해 전선을 꼭 공구 뒤에 두어야 합니다. 톱이 완전히 정지되기 전에 톱날을 목재에서 빼지 않는 것과 사용하지 않을 때는 반드시 플러그를 뽑아두는 것도 잊지 마세요.

지그쏘는 나무를 원형으로 자를 때도 유용하게 쓰입니다. 지그쏘를 구입할 때는 칼날이 쉽게 탈착되는지를 꼭 살펴야 합니다. 지그쏘는 각 회사의 제품마다 칼날 교체하는 방식이 약간씩 다르거든요. 그러므로 칼날의 탈착이 쉬운 것으로 사야 날을 교체할 때 애를 먹지 않습니다.

◤ 판재를 지그쏘를 이용해서 곡선으로 자르는 모습

비스킷 조이너

비스킷 조이너biscuit joiner는 목재를 접합할 때 유용하게 쓰이는 공구입니다. 목재에 비스킷 모양의 홈을 파서 그 안에 비스킷을 끼워서 접합할 수 있게 하는 비스킷 조이너는 가구 표면에 나사못 자국을 내지 않고 목재를 연결시킬 수 있어 중급자들이 즐겨 쓰는 편입니다.

비스킷은 3종류가 있으므로 만드는 가구 크기에 따라 적당한 크기의 비스킷을 선택해서 작업해야 합니다. 비스킷 조이너로 판재에 구멍을 뚫을 때는 판재가 흔들리지 않도록 클램프로 고정해주는 것이 좋습니다.

▶ 비스킷 조이너

▶ 세 가지 크기의 비스킷

▶ 비스킷 조이너로 판재에 구멍을 뚫는 모습

▶ 판재에 비스킷 조이너로 구멍을 뚫고 비스킷을 꽂은 모습

전동실톱

보통 '스카시すかし'라고 불리는 전동실톱scroll saw은 예전에 소음이 상당했고 떨림도 많았으나 요즘 나오는 제품은 많이 개선되었지요. 상하로 톱이 움직여서 목재를 자르는 전동실톱은 작업자가 목재를 움직여 원하는 모양으로 재단하기 때문에 직선보다는 곡선을 자르는 데 좋습니다. 톱날이 가늘고 얇다보니 부러지는 일이 종종 생깁니다. 저도 작업할 때 가끔 톱날을 끊어뜨리곤 하는데요, 소모품 가격이 별거 아니라고 생각할 수도 있지만 가랑비에 옷 젖는다는 속담 아시죠? 개당 500원쯤 하지만, 작업 때마다 몇 개씩 끊어진다면 비용이 만만찮거든요.

▼ 전동실톱을 이용해서 만든 간판

전동실톱은 여성 목공인들이 선호하는 편입니다. 전동실톱을 이용해서 나무를 하트나 동물 모양 등으로 가공할 수 있고, 개성 있는 모양의 손잡이를 만드는 데도 유용하거든요. 손가락을 실톱에 바로 갖다 대지 않는 한 상처 입을 염려도 없어 비교적 안전한 도구라고 할 만하죠. 하지만 날이 있는 공구이니 기본 안전 수칙은 꼭 지키는 게 좋겠죠.

▼ 전동실톱

트리머

트리머trimmer는 홈 파기를 할 때 유용하게 쓰이는 공구입니다. 트리머의 날은 종류가 무척 다양하여 날에 따라 여러 가지 모양을 낼 수 있습니다. 바로 다음에 소개할 루터보다는 작고 무게도 덜 나가는 트리머는 여성 목공인이나 초보자가 쓰기에 편리합니다. 만약 폭 10mm 깊이 10mm의 홈을 파야 한다면 어떻게 작업해야 할까요? 당연히 단번에 해준다고요? 절대 안 될 말입니다. 일정한 간격으로 작업하기 위해서 지그를 당연히 대줘야 하겠죠? 그리고 처음에 살짝 홈을 파줍니다. 팔 위치가 맞는지 안 맞는지를 확인한 다음 2~3mm씩 조금씩 깊게 파줘야 합니다. 그래야 날에도 무리가 안 가고 작업하기도

▼ 트리머

수월합니다.

트리머를 사용할 때 전선은 꼭 트리머 뒤에 두어야 안전합니다. 물론, 작업이 끝나면 트리머의 날이 멈출 때까지 움직여서도 안 됩니다. 트리머의 크기는 루터의 1/3 정도지만, 크기에 비해 힘이 엄청 좋거든요. 트리머 스위치를 켜고 날이 처음 회전할 때에는 약간의 떨림 현상이 있으니, 트리머의 본체를 손으로 꼭 잡고 있어야 합니다. 트리머의 비트를 교체할 때에는 반드시 콘센트에서 플러그를 꼭 뽑아야 함을 잊지 마세요. 트리머를 구입할 때는 많이 알려진 제품을 사는 게 좋습니다. 우리나라에 들어와 있는 제품은 몇 종류 안 되거든요. 저는 '마키타 3701'을 쓰고 있습니다. 트리머의 경우 사용감이 중요한데, 이 제품이 제게 잘 맞았습니다.

▼ 다양한 트리머 비트

▲ 트리머를 사용할 때 전선을 뒤로 두는 습관을 들이는 게 좋다

루터

루터router는 트리머와 용도가 비슷하지만 트리머보다 더 다양하게 작업할 수 있는 공구입니다. 트리머와 다른 점은 테이블에 루터를 장착해서 사용하기도 하고 플랜지flange를 이용해서 트리머처럼 쓸 수도 있다는 점입니다. 마력이 높은 루터는 처음 스위치를 켰을 때 진동이 크기 때문에 절대 손에서 놓쳐서는 안 됩니다. 항상 두 손으로 작업을 해야 합니다.

루터 날은 종류가 많고, 가격도 천차만별이라 필요할 때마다 하나씩 구입하면 됩니다. 대개 일자날, 홈파기날, 모서리용날로 나눌 수 있습니다. 국내용 생크(루터 날 접합 부분) 직경은 12mm가, 외국 제품은 12.7mm가 표준입니다. 날을 교체할 때에는 반드시 플러그를 뽑은 뒤 교체하기 바랍니다. 루터 구입을 고려하는 분이라면 우선 루터의 마력 수를 따져봐야 합니다. 루터는 트리머와 달라서 무게가 4kg 정도 합니다. 너무 무겁거나 마력수가 3마력 이상 되는 제품들은 초보자가 사용하기 어려우므로 3마력 정도의 루터를 권합니다.

▶ 루터

▶ 루터의 다양한 비트

루터로 작업하는 모습 ◀

4. 도장 마감재와 마감용품

도장 마감재는 만드는 사람의 취향과 기호에 따라 천차만별이므로, 이 책에서는 초보자를 위해 도장 마감재 성분에 대한 딱딱한 설명을 늘어놓기보다는 다양한 도장 마감재와 마감용품을 소개하고 기초적인 도장 방법을 알려드리는 데 주력하겠습니다. 목공 커뮤니티에서 검색해보면 정말 다양한 마감 정보가 있으니 참조하세요. 한 가지 당부하고픈 것은, 어떤 방법을 사용하든 친환경 제품을 쓰시라는 겁니다. 대부분 실내에 자리 잡는 가구는 사람이 직접 만지는 경우도 많고 함께 호흡하기 때문에 사람에게 많은 영향을 끼치는 존재이니까요.

가구 도장 마감재는 페인트, 오일, 스테인, 셸락, 옻, 황토 등 정말 다양합니다. 여기서는 손쉽게 구할 수 있는 마감재 위주로 설명하겠습니다. 오일을 제외한 모든 도장 마감 시, 나뭇결 방향으로 칠해줘야 합니다. 나뭇결 반대방향으로 도장하면 자국이 그대로 남기 때문에 꼭 결 방향으로 칠해줘야 합니다.

도장 마감은 시간이 많이 걸리므로 인내심과 세심함이 필요합니다. 날씨에도 영향을 받아 흐린 날은 연거푸 2회 도장 마감을 하기 힘들지요. 도장 마감 시 중요한 사항은 페인트나 오일을 발라준 다음, 꼭 #600 이상의 고운 사포로 표면을 샌딩해줘야 한다는 점입니다. 칠 과정에서 기포가 생기거나 페인트 붓 자국이 남으므로, 사포질로 없애주는 거죠. 그래야 깨끗한 도장이 나옵니다. 모든 분이 저처럼 작업하는 건 아닙니다. 용도나 기호에 따라 도장 방법은 얼마든지 달라질 수 있으므로 참고만 하기 바랍니다.

어떤 가구를 만드는지, 어떤 도장을 하는지에 따라서 작업 순서는 조금씩 차이가 있을 수 있습니다. 기본 도장 순서는 칠하기 어려운 곳이나 바닥부터 하는 것이 원칙입니다. 공간박스를 예를 들면, 밑판 → 박스 안쪽 바닥 → 박스 안쪽 벽 → 박스 겉면 순입니다.

▶ 피니싱 오일로 마감한 벤치

오일

페인트에 물이 많이 묻으면 눈물자국이 나기 십상입니다. 페인트에 물을 조금 묻히고 되도록 얇게 칠해야 합니다.

오 일

오일oil은 제가 가구를 만들고 마감할 때 가장 많이 쓰는 제품입니다. 주재료가 하드우드이다보니 나뭇결을 살리는 데 좋은 오일을 선호하게 되죠. 제조사별로 친환경 제품이 다양하게 나오는데, 보통 가격은 1ℓ 기준으로 1만~3만 원대입니다. 여러 제조사 중 리베론Liberon사 오일이 널리 알려져 있습니다.

오일의 종류로는 피니싱 오일finishing oil, 데니싱 오일denishing oil, 티크 오일teak oil, 텅 오일tung oil이 있습니다. 보통 용기 뒷면에 사용 방법이 적혀 있으니, 건조 시간이라든가 최소 몇 회 칠해야 하며 추가 도포 시간은 언제쯤인지 등을 확인하세요. 보통 오일로 마감한다면 기본 3회 이상 도장을 원칙으로 하고, 건조 시간은 10시간 정도 걸립니다. 텅 오일의 경우 4일 정도의 건조 시간이 필요하죠.

가구를 오일로 칠한 경우, 아침에 1회 도장하고 오후에 또 칠하면 하루에 최소 2회 정도가 가능합니다. 다음날에 3회 마감을 하죠. 그렇게 되면 보통 최소 이틀이 소요됩니다. 그리고 하루 정도 더 말립니다. 마감에 최소 사흘이 걸리네요. 이것도 날씨가 좋을 때 이야기입니다. 저는 오일을 칠할 때 날씨가 안 좋으면 하루에 1회 도포만 하거든요. 그런데 텅 오일은 기본이 4일 정도이니 마감만 하는 데 2주 정도 걸리겠죠? 그만큼 가구가 완성되는 데는 시간이 오래 소요됩니다. 가구 만들기, 어찌 보면 시간과의 싸움입니다.

페 인 트

페인트paint는 제가 초보 때 써보고 요즘 들어 다시금 쓰는 제품입니다. 소프트우드로 가구를 만들 때 많이 사용하는 마감재이죠. 요즘 유행하는 빈티지풍이나 프로방스풍의 느낌을 살리는 데도 유용하고요.

페인트는 대개 유성과 수성으로 나눕니다. 기름을 베이스로 하는 제품인지 아크릴처럼 물로 희석해 사용하는 제품인지의 차이죠. 가구용으로는 보통 수용성 제품을 많이 쓰고 그중 밀크페인트가 요즘 인기가 높죠. 페인트 역시 친환경 제품이 많이 나와 있습니다. 밀크페인트는 대개 500ml 기준으로 1~2만 원대로, 수용성 제품 기준으로 10~20 퍼센트 정도 희석해서 쓸 수 있습니다. 기본 건조 시간이 24시간 정도입니다. 제조사마다 건조 시간이 약간씩 다르므로 용기에 표기된 사용법을 참조하는 게 좋습니다.

페인트는 붓으로 칠하기 때문에 도포를 잘해야 합니다. 붓 자국이 생기면 보기 흉하거든요. 초보자라면 어쩔 수 없이 가구에 붓 자국이 어느 정도 생기는데, 그것을 없애려고 계속 덧칠하다보면 더 흉해질 수 있으니 인내심을 가지고 잠시 기다려보세요. 페인트가 살짝 마른 다음에 칠하면 붓 자국이 쉽게 지워지거든요.

▶ 페인트

▶ 브릭레드 밀크페인트를 붓을 이용하여 칠하는 모습

▶ 두 가지 컬러를 칠해서 빈티지풍으로 마감한 선반

▶ 스테인

▶ 오크색 스테인으로 도장 마감한 의자

스 테 인

스테인stain은 착색제의 하나로, 본래 목재의 색을 바꾸고 싶을 때 사용합니다. 나무가 색을 먹기 때문에 나뭇결을 그대로 살리면서 색 변화를 줄 수 있다는 점이 매력적이지요. 스테인은 대개 알코올 스테인, 수성 스테인, 유성 스테인으로 나눕니다. 스테인 역시 친환경마크가 붙은 제품들을 구매하는 게 좋지요.

오일류의 계통은 붓이나 헝겊을 이용하여 칠을 합니다. 저는 보통 오일(수성이나 유성)은 헝겊으로 마감해줍니다. 붓으로 칠하는 것보다 색이 연하게 나와 나뭇결이 더 잘 사는 것 같거든요. 어디까지나 개인적인 견해이므로 두 가지를 해본 다음, 본인 취향에 따라 선택하면 되겠죠.

수성 스테인을 사용한다면 가구를 보호하기 위해 코팅제를 써주는 게 좋습니다. 그리고 보관할 때 반드시 밀봉하세요. 겨울에 사용한다면 수용성이니까 0도 이하에서 언다는 것도 잊지 마시고요. 번거롭게 여겨진다면 되도록 구입 후 빨리 사용하는 게 상책이겠죠.

바 니 시

바니시varnish라 하면 보통 '니스'를 떠올리죠. 니스는 일본어로, 바니시가 옳은 표현입니다. 바니시는 보통 오일이나 스테인 혹은 페인트 칠로 가구를 마감한 뒤 코팅 막을 형성해주는 마감재입니다. 물론 바니시로만 마감하기도 하죠. 단, 건조가 안 된 목재에는 사용하지 마세요. 나무도 생물인데 숨을 못 쉬도록 막는 거니까요. 더구나 건조 안 된 목재는 자칫 내부부터 썩어들어갈 수도 있습니다.

바니시는 크게 유성과 수성으로 나눕니다. 둘 다 냄새는 좀 고약하죠. 유성은 약간

독한 냄새가 나며, 수성은 약간 매운 냄새가 납니다. 코팅제로 수성 바니시와 함께 수성 우레탄도 많이 쓰고 있습니다.

셸 락

셸락shellac은 곤충체액과 분비물을 추출해서 만든 마감재입니다. 요즘 많이 뜨고 있는 마감재 중 하나로, 인체에 안 좋은 포름알데히드의 방사를 억제시킨다고 합니다. 포르말린 등 화학제품을 섞어 만든 목재나 새집증후군 등의 피해를 최소화하는 데 효과적이죠. 셸락 역시 친환경 제품군에 속하는 마감재입니다. 단점이라면 열에 약하다는 겁니다. 때문에 주방가구 도장에는 적당하지 않겠죠.

셸락은 2~3회 도장을 기본으로 합니다. 도포 시 붓이나 헝겊 등을 사용해서 최대한 얇게 단번에 지나가야 합니다. 개인적으로는 붓보다 헝겊을 이용하는 게 더 깔끔하게 마감되는 것 같습니다.

▼ 셸락으로 마감한 코너장

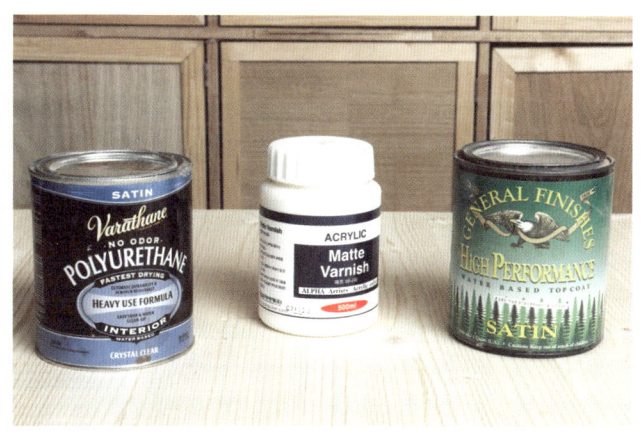

▼ 바니시

▼ 셸락

마 감 도 구 ― 스 펀 지 , 붓 , 헝 겊

마감도구에는 스펀지, 붓, 헝겊 등이 있으며, 요즘에는 극세사 행주도 유용하게 쓰입니다. 오일이나 페인트 등을 사면 용기에 사용 방법이 나와 있죠? 어떤 마감도구를 쓰는 게 좋으며, 건조시간은 어떻게 되는지, 도포는 최소 몇 회 해야 하는지도 씌어 있으므로, 이를 토대로 작업하는 것이 가장 좋은 방법입니다.

페인트의 경우 붓이나 1회용 스펀지를 이용할 수 있습니다. 이때 유의할 점은, 수성 페인트로 마감했을 때 붓을 사용했다면 다 쓴 뒤에 바로 물로 씻어주라는 겁니다. 내일로 미룬다면 붓이 딱딱해져 다시 쓰기 힘들겠죠. 유성이라면 시너로 씻어주세요. 아, 물론 화기성 제품이 주위에 없는지 확인하고, 꼭 장갑을 끼고 씻는 것도 잊지 마세요.

오일이나 스테인으로 마감할 때는 붓, 스펀지, 헝겊을 주로 사용합니다. 저는 헝겊을 주로 쓰는데, 색이 가구에 은은하게 스며드는 느낌을 받습니다.

▼ 스펀지, 붓 등의 마감도구

사 포

사포는 주로 #60, #80, #120, #180, #220, #320, #400, #600, #800을 사용합니다. 물론 종류는 더 많습니다. #1000~#2000 사포도 있으니까요. 앞에 나열한 사포는 가구 만들 때 보편적으로 사용하는 번호로, 숫자가 높을수록 결이 곱습니다. 그럼 각 사포에 매겨진 숫자는 무엇을 의미할까요? 이 숫자는 입도粒度를 말합니다. 입도란 가로세로 1인치 면적 안에 들어 있는 사포 알갱이의 숫자입니다. 가구의 거친 부분을 매끄럽게 만들 때나 톱날 자국을 없애려면 #80~#120의 사포를 주로 씁니다. 중간 마감 때는 #180~#220, 끝 마감 때에는 #320 이상을 사용합니다.

손으로 샌딩을 하려면 힘이 많이 들기 때문에 전동샌더를 구비하는 목공인들이 많이 계시죠. 보통 전동샌더용 사포가 따로 있으므로 기계에 붙여 사용하면 됩니다.

다양한 입자의 사포

전동샌더(왼쪽)와 손샌더(오른쪽)

◤ 전동샌더를 이용하여 가구 표면을 매끄럽게 다듬는 모습

• 사 포 로 샌 딩 하 는 법

샌딩 작업은 쉽게 말해 '사포로 문질러주기'로, 목재의 단면을 매끄럽게 다듬는 작업입니다. 샌딩을 하고 페인트나 오일 마감을 하게 되면 가구는 새로 태어나게 됩니다. 샌딩할 때는 가구 아래에 두툼한 천이나 요가 매트 같은 것을 깔아주어 가구 표면에 스크래치가 나지 않도록 세심하게 처리해주어야 합니다. 이때부터 마감 작업이므로 한층 섬세한 손길이 필요하죠.

마감의 가장 중요한 포인트 중 한 가지는 어떤 마감재를 사용하든 도장 후 건조가 됐다면 꼭 #600 이상 되는 고운 사포로 살짝 샌딩해줘야 한다는 겁니다. 그래야 가구의 표면이 매끈해지므로 반드시 도장 후에 사포로 샌딩하는 것을 잊지 마세요. 너무 심하게 곱게 샌딩하면 오히려 오일이 잘 안 먹거나 페인팅도 수월하지 않을 수 있습니다.

샌딩하기 전에는 먼저 마킹선을 바로 지웁니다. 지우개로 지워보고 안 되면 사포로 문지르세요. #80이나 #120 사포가 도움이 될 겁니다. 이제 마킹선을 다 지웠다면, 본격적으로 샌딩을 합니다. 샌딩은 경우에 따라 조립 전과 조립 후에 할 수 있습니다. 공간박스를 만든다고 가정하면 박스 안쪽은 샌딩하기 어려우므로 조립 전에 샌딩해주는 것이 좋습니다. 주의할 점은 목재 결합 부분은 샌딩을 생략해야 합니다. 목재 결합 부분을 샌딩하면 정확하게 딱 맞아 떨어지지 않거든요.

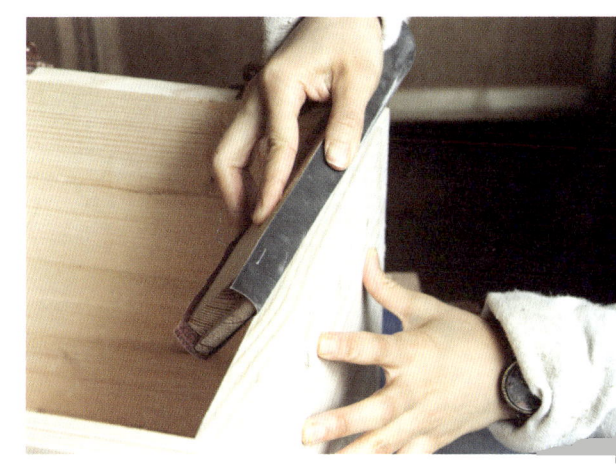

곡선 부분이나 모서리 부분은 전동샌더를 이용할 경우 확 쓸리기 때문에 손으로 샌딩해줘야 합니다.

샌딩할 때는 나뭇결의 방향으로 하는 것이 중요합니다. 결 반대 방향으로 해주면 표면이 거친 사포일 때 목재 표면이 일어나게 됩니다. 처음엔 결 반대쪽으로 했다 해도, 마지막엔 결 방향으로 마무리해줘야 표면이 일어나지 않습니다. 그리고 사포는 표면을 갈아주기 때문에 특히 번호가 낮은 거친 사포를 사용할 경우 조심해야 합니다. 안 그러면 목재에 스크래치가 생깁니다. 페인트칠을 한다 해도, 2~3mm정도 두껍게 칠할 게 아니라면 스크래치를 확실하게 없애야 합니다. 안 그러면 두고두고 스크래치가 눈에 거슬릴 테니까요.

곡선 부분이나 모서리 부분은 반드시 손으로 샌딩해줘야 합니다. 전동샌더를 사용하면 나무 표면이 확 쓸려버려 가구 표면이 울퉁불퉁해질 수 있기 때문입니다. 샌딩하는 순서는 넓은 면에서 시작해서 구석진 곳으로, 모서리 부분은 맨 마지막에 합니다.

5. 부자재

가구를 만들 때는 앞서 언급한 공구 외에 클램프, 본드, 경첩, 손잡이, 나무못, 보강철물, 바퀴 등의 부자재도 필요합니다. 목재를 접합할 때는 클램프와 본드 등이 필요하고, 문짝을 가구에 연결할 때는 경첩이 쓰이며, 나사못으로 자리를 메우는 데 나무못이 유용합니다. 보강철물에는 구조물을 좀더 튼튼하게 해주는 ㄱ자꺾쇠와 상판과 하부프레임을 연결시켜주는 8자철물 등이 있습니다. 부자재의 특징을 잘 파악해서 적재적소에 쓸 줄 알아야 목공 기술도 늘어납니다.

클 램 프

가구를 만드는 데 정말 많이 필요한 것 중 하나가 클램프clamp입니다. 어떤 것을 사야 할지, 어떤 용도로 써야 할지 궁금하시죠? 결론만 말씀드리면 클램프는 이것저것 많을수

▨ 다양한 종류의 클램프

▨ 클램핑을 해서 목재를 고정해두고 나사못을 박으면 더 편리하다.

▨ 클램프 활용 예. 클램프로 잘 고정해줘야 부재 사이에 틈이 없다.

록 좋습니다. 기본적으로 박스 하나를 조립할 때, 클램프는 최소 4~8개 정도가 듭니다. 나사못으로 목재를 결합하더라도 우선 클램프로 고정해놓아야 목재 사이에 틈이 생기지 않습니다. 가구 조립 경험이 적은 목공 초보자에게 클램프는 꼭 필요합니다. 처음 하다 보면 이런저런 실수를 하게 되는데, 후회를 방지하는 게 클램프라고나 할까요.

클램프는 종류도 많고 가격도 천차만별입니다. 유명 브랜드의 클램프는 개당 몇 만 원에서 십만 원이 넘는 것도 있습니다. 저가와 고가의 차이는 분명히 있습니다. 클램프를 써본 분들이라면 바로 그 차이를 알게 될 겁니다. 그렇다고 비싼 클램프만 고집하는 건 아닙니다. 자신이 주로 만드는 작품의 사이즈를 보고 택하면 되거든요. 비싼 것과 저 렴한 것을 적절히 구비하는 게 좋겠죠.

클램프를 구입하는 팁을 하나 알려드리겠습니다. 예를 들어 400mm 정도 되는 가 구를 만든다면, 400mm 길이에 맞는 클램프를 사야 할까요? 아닙니다. 적어도 450mm 는 되어야 합니다. 즉, 만들고자 하는 가구의 사이즈보다 최소 한 치수 위의 클램프를 사 야 합니다.

본 드

본드는 아주 중요하죠. 목재와 목재를 고정해주는 역할을 하니까요. 보통 취미용 목공 작업에 많이 쓰는 본드 브랜드는 타이트Tite, 고릴라Gorilla, 파텍스pattex 그리고 205본드입니다. 205본드는 인테리어 작업 시에도 많이 쓰죠. 장점은 가격이 저렴하다 는 겁니다. 단점은 본드가 마르는 시간이 최소 24시간 정도라는 것. 그리고 클램핑도 오 래해야 합니다. 예전에 제가 쓸 가구를 만들 때 205본드를 썼습니다. 몇 시간 안 되어 클 램프를 풀어놓았더니 결국 목재가 제대로 접착이 안 돼서 다시 조립해야만 했죠. 하지만

한 번 접착되면 어느 다른 본드만큼 접착력이 우수합니다.

그다음으로 많이 쓰는 것이 타이트본드로, 우리나라에는 '1, 2, 3'이 들어옵니다. 1번이 기본으로 '오리지널original'이라고 불립니다. 방수성은 아예 없지요. 2번은 1번보다 접착되는 데 걸리는 시간이 적으며 약간의 방수성을 지닙니다. 3번은 접착시간이 가장 적게 걸리고 방수성도 2번에 비해 조금 더 우수합니다. 타이트본드는 기본 4시간 정도 클램핑을 합니다. 205본드보다 거의 6배나 빠르죠. 그래서 시중에 판매되는 본드 중 가장 비쌉니다. 빨리 붙기 때문에 가구 조립을 단시간에 끝내야 한다는 것을 잊지 말아야 합니다. 파텍스본드나 고릴라본드는 205본드보다는 비싸고 타이트본드보다는 쌉니다. 두 본드의 가장 큰 장점은 빠른 접착시간입니다. 본드는 접착시간과 접착력이 생명입니다. 너무 빨라도 문제, 너무 늦게 말라도 문제지요.

목재에 본드를 바를 때는 반드시 양쪽 부재 모두에 본드를 칠해야 합니다. 한쪽에는 약간 물을 묻혀서 본드를 칠하고 반대편은 본드로만 칠하세요. 접착력이 더 강해집니다. 그리고 여러 개의 목재를 조립하는 경우라면 실수로 잘못 조립했을 때 물기 덕에 조금 덜 건조되었을 테니 바로 수정이 가능합니다. 가구 조립 후에 클램핑을 하면 부재 틈으로 본드가 흘러나오게 됩니다. 그럴 때 물수건 등으로 본드를 바로 닦아줘야 합니다. 안 그러면 건조 후 끌이나 스크레이퍼scraper 등으로 제거하는 번거로움이 있거든요.

만약 본드의 유해성분이 걱정된다면 친환경 제품들이 많이 나와 있으니, 그런 제품들을 선택해 사용하면 될 겁니다. 포름알데히드가 검출되는 유해 본드는 멀리하는 게 좋겠죠.

90도경첩

EZ경첩

싱크대(110도)경첩

나비경첩

나비경첩

숨은경첩

▶ 경첩을 문짝 밖에서 단 것(왼쪽)과
안쪽에서 단 경우(오른쪽)

경 첩

평경첩, 숨은경첩, 싱크대(110도)경첩, 피아노경첩, 나비경첩, 자유경첩, EZ경첩, L경첩, T경첩, ZT경첩 등 경첩은 종류가 무척 다양합니다. 가구를 만들 때 어떤 경첩을 써야 할지 디자인 작업에서 결정해야 합니다. 문을 안쪽에 달지 바깥쪽에 달지, 문짝을 크게 달지 작게 달지 등에 따라 경첩의 종류가 달라질 테니까요. 또 디자인이 가미된 경첩을 달지, 심플한 경첩을 달지에 따라서 가구 디자인도 조금씩 달라지겠죠.

일반적으로 경첩을 선택할 때 습도가 높은 곳에서 사용한다면, 재질이 스테인리스스틸로 된 경첩이 좋습니다. 일반적으로 고장력高張力이나 다양한 표면 처리가 되어 있어 황동스틸과 스테인리스스틸은 부식이 안 되며 외관이 좀 화려하거든요. 문짝에 경첩을 단다면 과연 몇 개를 달아야 할까요? 기본적으로 문짝 높이가 500mm 이하는 경첩 2개, 1500~2300mm까지는 3개, 3000mm 정도는 4개를 다는 것이 기본입니다.

손 잡 이

손잡이는 종류도 많고, 어디에 달 것인가에 따라 크기도 달라집니다. 고민 없이 해결하는 가장 쉬운 방법은 나무 손잡이를 다는 건데, 나무로 만들 때 손잡이를 고정시킬 나사 구멍을 몇 개로 할 것인가를 결정해야 합니다. 보통 한두 개, 혹은 그 이상을 내기도 하는데, 시판되는 손잡이는 나사 간격이 규격화되어 있으니 참고하여 달아주는 것이 좋겠지요. 기본 간격은 16mm, 32mm, 64mm, 128mm, 160mm, 192mm, 224mm 순입니다.

　　손잡이는 보통 가구용과 싱크대용이 크게 구분되는 건 아닙니다. 문짝의 길이에 맞춰서 손잡이를 달아줘야겠지요. 손잡이를 구입할 때는 문짝의 두께를 미리 체크해야 합니다. 문짝 두께에 따라 나사못의 길이도 달라지니까요.

▼ 한쪽 손으로 손잡이를 잡은 채 오른손으로 전동드릴을 이용하여 손잡이를 달아준다.

▶ 다양한 디자인과 재질의 손잡이

보 강 철 물

보강철물은 목재와 목재를 철물로 연결해줄 때 쓰이는 부속품입니다. 침대를 만든다면 침대용 연결부속 철물이 따로 있습니다. 책상을 만든다면 다리프레임과 상판을 연결해 주는 8자철물이나 Z철물이 있습니다. 코너를 보강해줄 때는 코너꺾쇠 철물을 쓰고, 다리와 연결되는 부분을 잡아주는 코너플레이트라는 철물도 있습니다.

나 무 못

나무못은 목재에 나사못을 박고 남은 자리를 메우는 역할을 합니다. 나무못을 흔히 '목심'이라고 부르기도 하지요. 목재와 목재 사이를 접합할 때 나무못을 이용하기도 합니다. 나무못은 보통 지름 8mm, 10mm짜리를 많이 쓰고 있습니다. 나무못은 나사못을 이용하는 가구 제작에 있어서 꼭 필요한 부자재이지요. 나무못으로 잘 마무리를 해야 가구의 완성도가 높아집니다.

▶ 테이블 상판과 보강재를 접합시킬 때 ㄱ자꺾쇠를 사용한 예.

ㄱ자꺾쇠

평철   8자철물   Z철물

• 나사못 자리를 나무못으로 마감하는 법

전동드릴로 나사못을 박으면 그 자리가 보기 흉하게 뻥 뚫리게 됩니다. 이것을 막기 위해 나사못 자리에 본드를 칠하고 나무못을 박은 뒤, 본드가 굳으면 튀어나온 나무못을 플러 그톱으로 자르면 됩니다. 나무못을 박는다고 하더라도 나무못을 넣은 자리는 표시가 나기 때문에 가능하면 잘 보이는 곳에 나사못을 박지 않도록 디자인 작업 때부터 염두에 두어야 합니다.

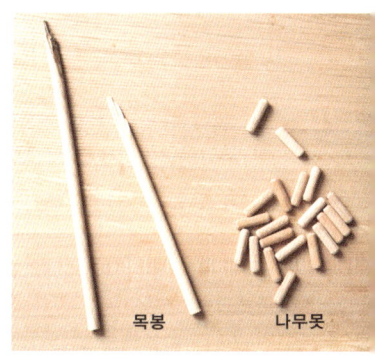

목봉　　　　나무못

나무못은 두께 6mm, 8mm, 10mm 이렇게 3가지 종류가 있습니다. 길이별로는 6×30mm, 6×40mm, 8×30mm, 8×40mm, 10×40mm, 10×50mm, 10×60mm 가 있습니다.

나무못은 쉽게 구입할 수 있지만 직접 만드는 것도 가능합니다. 번거롭더라도 나무 못을 직접 만드는 이유는 판매되는 나무못이 마구리면으로 되어 있어 오일이나 스테인을 칠했을 때 주변 목재보다 색이 약간 짙게 나오기 때문입니다.

| 1 | 2 | 3 |
| 4 | 5 |

1. 나사못을 박으면 빈 공간이 생긴다.
2. 본드칠을 하고 나무못을 넣는다.
3. 나무못을 망치로 쳐서 박는다.
4. 굳은 뒤 남은 나무못을 플러그톱으로 자른다.
5. 나무못 자리를 샌딩한다.

• 도 웰 포 인 트 를 이 용 해 서 나 무 못 으 로 목 재 결 합 하 는 법

나사못으로 뚫기 어려운 두꺼운 목재끼리의 결합에는 도웰 포인트를 이용하여 나무못으로 접합하기도 합니다. 나무못으로 결합하면 나사못 자국이 남지 않아 가구의 완성도가 높아지기도 하고, 목재의 결합력도 나사못 결합보다 더 강하다는 장점이 있습니다.

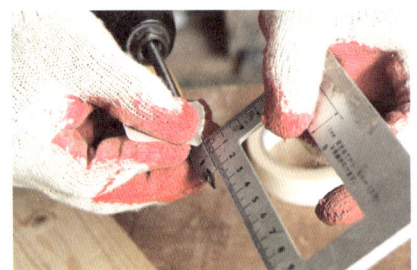

1	2	3
4	5	6
		7

1. 목재에 나무못 박을 자리를 샤프로 마킹한다.
2. 나무못 박을 두께를 드릴 비트에 테이프로 고정해놓는다.
3. 전동드릴로 목재에 구멍을 뚫는다.
4. 목재에 도웰 포인트를 끼워놓는다.
5. 도웰 포인트를 끼운 목재를 다른 목재에 대서 위치를 표시한다.
6. 목재 구멍에 본드를 칠하고 나무못을 박는다.
7. 나무못을 이용하여 두 부재를 접합시킨다.

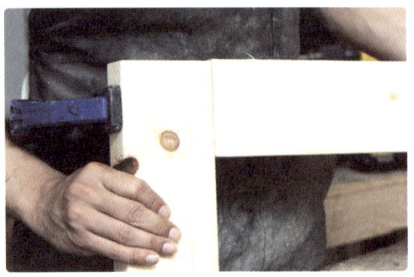

추 천 공 구 및 철 물 판 매 점

공구몰 www.toolmt.co.kr

공구사랑 http://mok09.co.kr

문고리닷컴 www.moongori.com

손잡이닷컴 www.sonjabee.com

우진 툴스 www.utools.co.kr

이가철물 www.leesdeco.co.kr

철물마트 www.77mart.co.kr

철물박사 www.e-daesung.com

철천지 www.77g.com

청계천 월드공구 www.월드공구.kr

코스타 www.mykosta.co.kr

툴크래프트 www.toolcraft.co.kr

헤펠레샵 DIY쇼핑몰 www.hafeleshop.co.kr

THE DIY www.thediy.co.kr

Part 4.

친환경 가구를 만들어 볼까?
– 가구 제작 과정

일러두기

가구를 한 번도 만들어보지 못한 초보자를 대상으로 제일 쉬우면서도 기본적인 '박스 만들기' 부터 난이도가 높은 '서랍 달린 책상' 까지 단계별로 가구 만드는 방법을 소개합니다. 본격적인 가구 만들기에 들어가기 전에 알아둘 점을 미리 숙지한 뒤에 실전에 돌입하시면 더 도움이 될 것입니다.

목재 물량산출 보는 법

$$\underline{300mm \times 200mm}_{\text{폭과 길이}} \times \underline{18mm}_{\text{두께}} \times \underline{2ea}_{\text{개수}}$$

재단된 나무 치수 확인

인터넷으로 나무 재단을 주문했어도 사람이 하는 일이라 실수가 생길 수 있습니다. 조립하는 과정에서 목재의 치수가 잘못된 것을 알게 되면 큰 낭패이지요. 그러므로 도면을 바탕으로 각 부재가 정확히 재단되어 있는지 꼼꼼히 확인해보세요. 혹시 실수로 잘못 재단되었다면 당장 인터넷 업체에 연락해서 다시 받든가, 아니면 집에서 열심히 톱질해서 잘라야 하겠지요.

목재에 번호 매기고 마킹하기

재단된 목재의 치수가 바른지 확인했다면, 각 부재에 번호 매기기를 할 겁니다. 부재가 적든 많든 부재마다 꼼꼼하게 번호를 매기세요. 결합될 부재 양끝에 번호를 매기는 것도 잊어서는 안 되죠. 부재에 번호를 매기는 건 작업자가 가구를 조립할 때 헷갈리지 않게 하기 위함으로, 도면의 '목재 물량산출표'를 기준으로 번호를 매깁니다.

목재에 번호를 다 매겼으면 각 부재에 나사못이 박힐 자리나 부재와 부재가 만날 자리를 마킹합니다. 마킹은 보통 0.5mm 샤프를 이용하는데, 나무의 섬유질 때문에 잘 안 그어질 때도 있습니다. 삐뚤게 그어지기도 하고요. 이 경우도 주의해야 합니다. 마킹은 가구의 완성도에 지대한 영향을 끼칩니다. 선을 잘못 그으면 목재의 결합이 헐거워지거든요. 마무리 작업에서 보강해준다 해도 가구 자체의 틀이 자연스러워 보이지 않을 수 있습니다. 그러니 완성도 높은 가구를 만들고 싶다면 꼼꼼하고 차분하게 작업하는 게 좋습니다.

1. 공 / 간 / 박 / 스

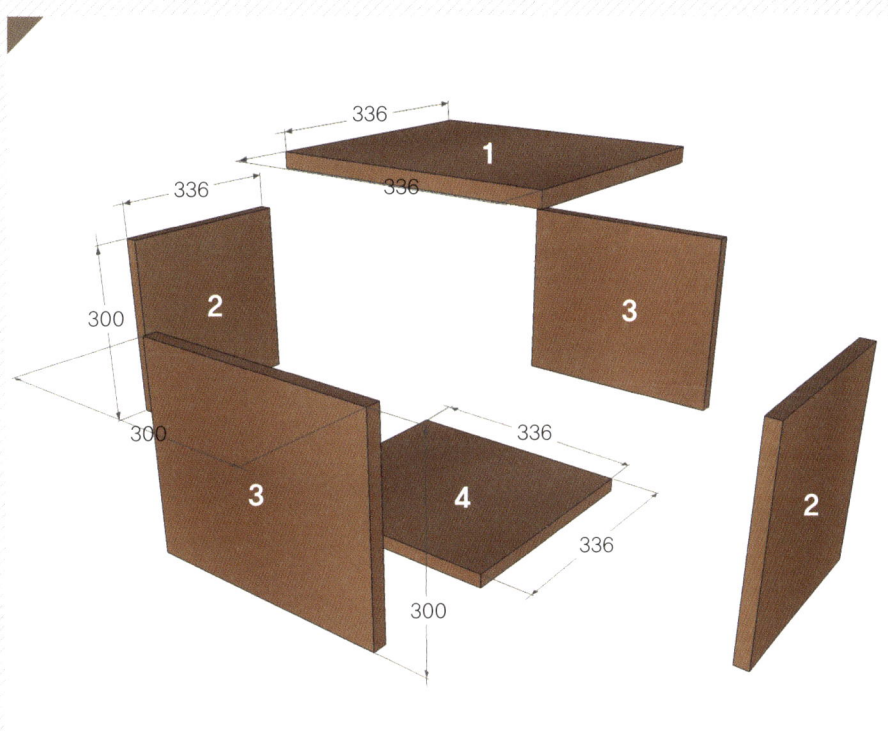

목재 물량산출

1. 뚜껑 336x336x18x1ea
2. 옆판 336x300x18x2ea
3. 앞뒤판 300x300x18x2ea
4. 밑판 336x336x18x1ea

부자재

나사못(3×15mm, 3×38mm),
나무못(8×40mm), 나비경첩 2개

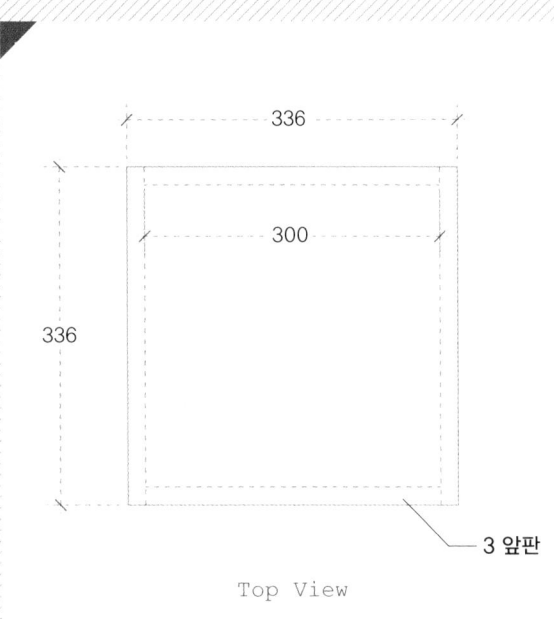

Top View

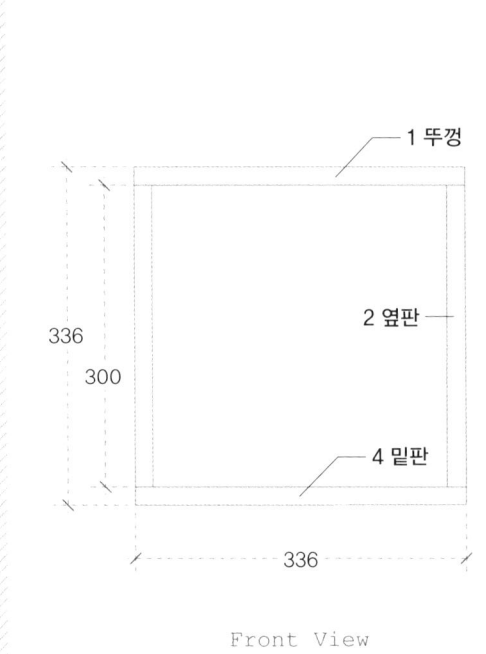

Front View

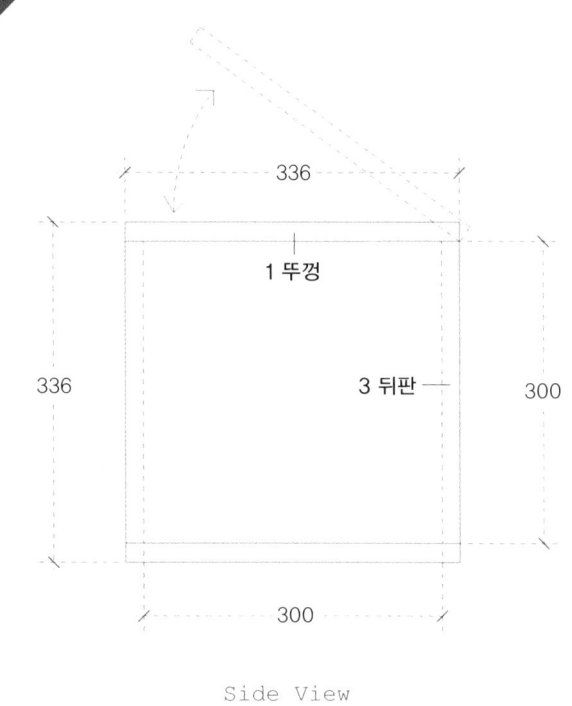

Side View

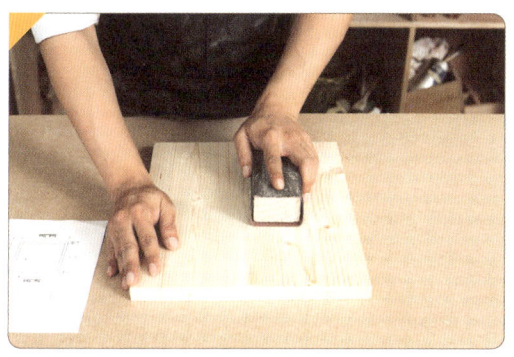

1. 공간박스 안쪽은 나중에 샌딩하기 어려우므로 조립하기 전에 미리 #220 사포로 샌딩한다.

2. 나사못 박을 곳을 목재에 연필로 표기한다.

3. 앞판과 옆판에 본드를 칠하고(본드를 칠할 때는 양면에 다 칠해주는 것이 원칙), 38mm 나사못을 3개 박는다.

4. 나머지 부재를 나사못으로 연결하여 사각박스를 만든다. 나사못을 박기 전에 클램프로 목재를 고정해놓으면 작업하기 편리하다.

5. 밑판을 나사못으로 박아 공간박스의 몸체를 완성한다.

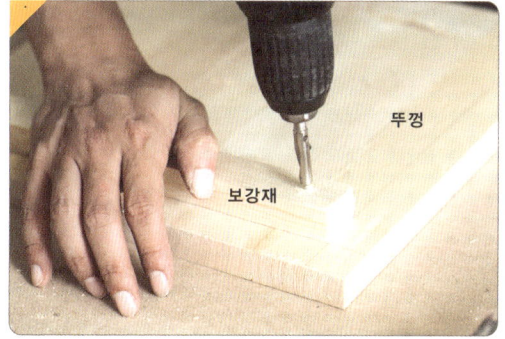

6. 공간박스 뚜껑에 본드를 바르지 않고 나사못으로 보강재를 박는다. 계절에 따라 목재가 수축팽창하므로 본드로 고정시키지 않는 것이 좋다.

7. 박스 뚜껑의 손잡이 부분을 끌로 파내어 만들어준다.

8. 뚜껑과 박스 몸체에 경첩 자리를 샤프로 마킹한다.

9. 경첩이 들어갈 자리를 끌로 파낸다.

10. 공간박스 몸체와 뚜껑에 경첩을 단다. 경첩을 고정할 때는 3×15mm 나사못을 이용한다.

경첩 단 모습

11. 나사못 자리에 본드를 칠하고 나무못을 넣는다. 나무못을 집어넣을 때 나무망치를 사용한다.

12. 본드가 마르면 플러그톱으로 튀어나온 나무못을 잘라준다.

13. 샌딩과 페인트칠 작업을 쉽게 하기 위해 경첩을 풀어 뚜껑과 몸체를 분리시켜놓는다. 공간박스 바깥쪽을 #220 사포로 샌딩한다.

14. 브릭레드 밀크페인트를 1회 칠한다. 박스 겉면 밑판, 안쪽 바닥판 순으로 진행한다.

15. 박스 안쪽을 끝내고 겉면을 페인트칠한다.

16. 뚜껑도 꼼꼼히 칠한다.

17. 페인트칠이 끝나면 잘 말린 후 #600 사포로 나무의 결 방향으로 살짝 샌딩해서 표면을 매끄럽게 한다. 페인트를 한 번 더 칠한다(페인트는 최소 2회 칠해주는 것이 좋다). 페인트가 마르면 #600 사포로 살살 샌딩해서 마무리한다.

 TIP

가구 조립 시 나사못을 박기 전에 꼭 목재의 양면에 본드칠해주는 것을 잊지 마세요.
붓을 이용해서 본드를 펴바르면 편하답니다.

2. 빈 / 티 / 지 / 풍 / 2 / 단 / 선 / 반

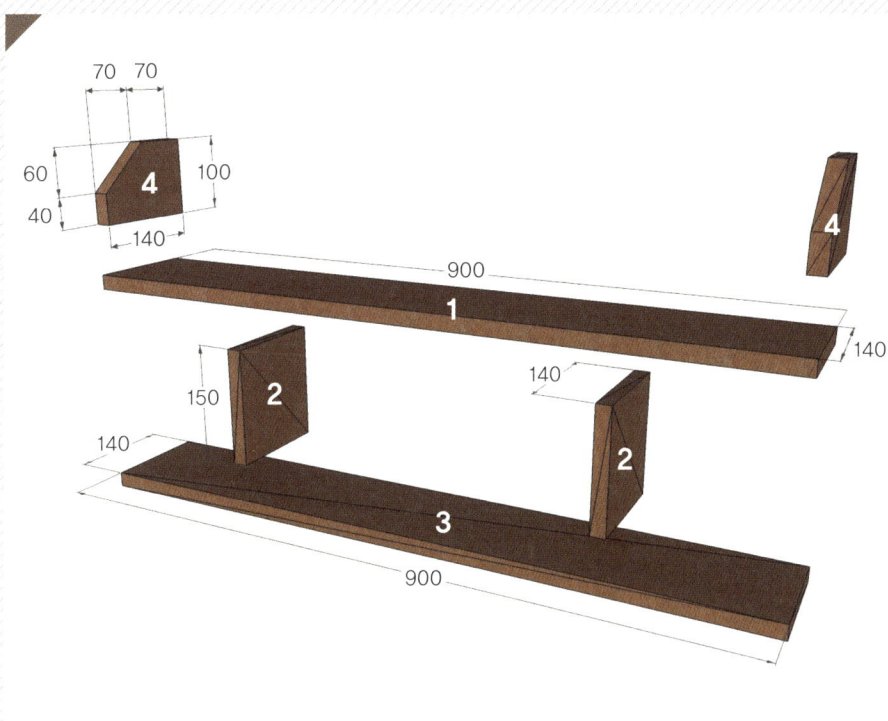

목재 물량산출

1. 상판 900x140x18x1ea
2. 옆판 150x140x18x2ea
3. 밑판 900x140x18x1ea
4. 날개 100x140x18x2ea

부자재
나사못(3×15mm, 3×38mm),
나무못(8×40mm), 삼각고리 2개

Top View

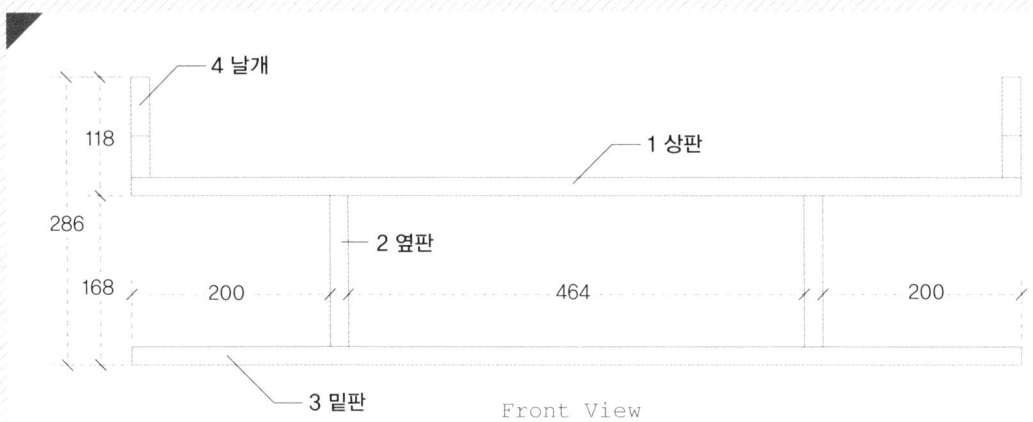

4 날개

118

286

168

1 상판

2 옆판

200   464   200

3 밑판

Front View

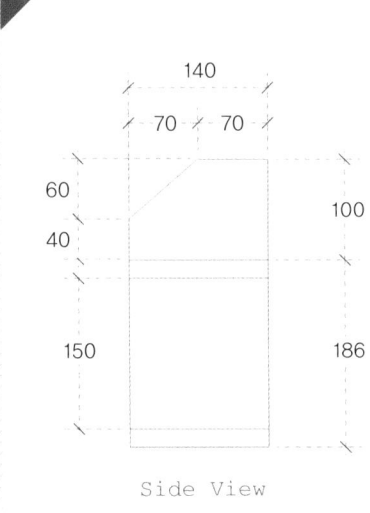

140

70 70

60

40

100

150

186

Side View

1. 목재에 나사못 박을 자리를 샤프로 마킹한다.

2. 날개부재의 끝쪽을 도면을 참조해서 마킹한 다음 톱으로 잘라준다.

3. 상판 끝에 본드를 칠하고 날개 부재를 댄 다음 38mm 나사못을 2개 박는다.

4. 상판과 옆판을 연결하기 전에 나사못 박을 자리를 마킹해놓는다. 상판과 옆판 양쪽에 본드칠하고 나사못을 2개 박는다.

5. 4번과 밑판을 나사못으로 박아 조립을 완성한다.

6. 옆판의 직각이 잘 맞는지 보기 위해 직각자를 대고 확인한다.

7. #220 사포로 전체를 샌딩하고 세가그린 밀크페인트를 1회 칠한다.

칠 1회 끝난 모습

8. 페인트가 다 마르면 #600 사포로 살살 샌딩해주고
   브릭레드 밀크페인트를 덧칠해준다.

9. 페인트가 다 마르면 빈티지 스타일로 #600 사포를 이용하여 군데군데 거칠게 샌딩해서 마감한다. 거칠게 샌딩한 곳은 처음 칠한 페인트색이 멋스럽게 잘 드러난다. 선반을 벽에 걸 수 있도록 3×15mm 나사못으로 삼각고리 2개를 달아준다.

페인트칠하기 전에 가구 밑에 자투리 나무를 괴어주는 것이 좋습니다. 그래야 페인트가 바닥에 묻지 않으니까요.

3. 액 / 자

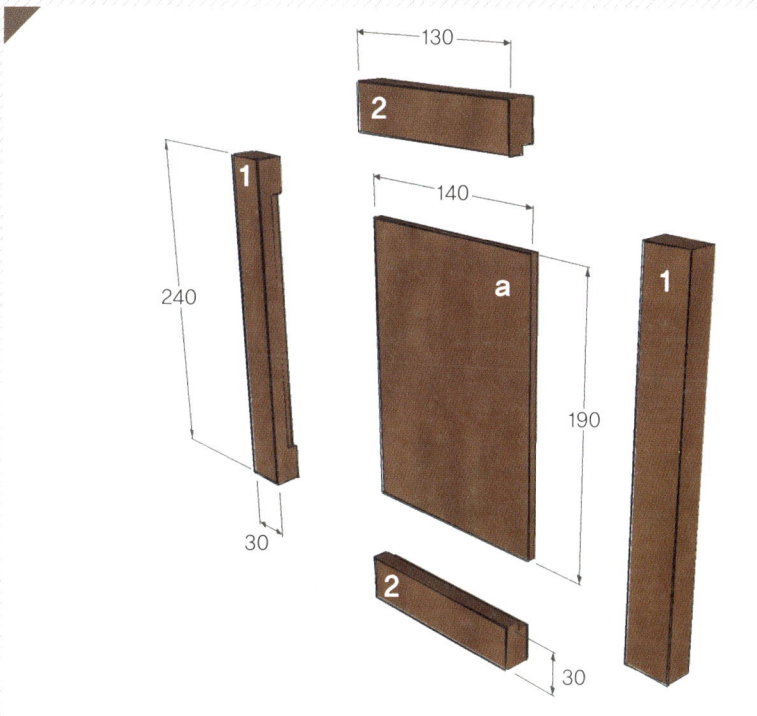

154.155

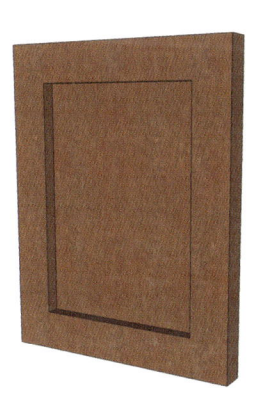

목재 물량산출

1. 옆판 240x30x18x2ea
2. 위아래판 130x30x18x2ea
a. 뒤판(5mm 합판) 190x140x5x1ea
b. 유리 189x139x3x1ea

부자재
나사못(3×15mm, 3×38mm),
나무못(8×40mm), 삼각고리 1개,
액자잠금쇠 4개

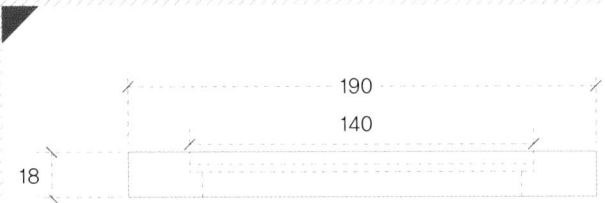

Top View

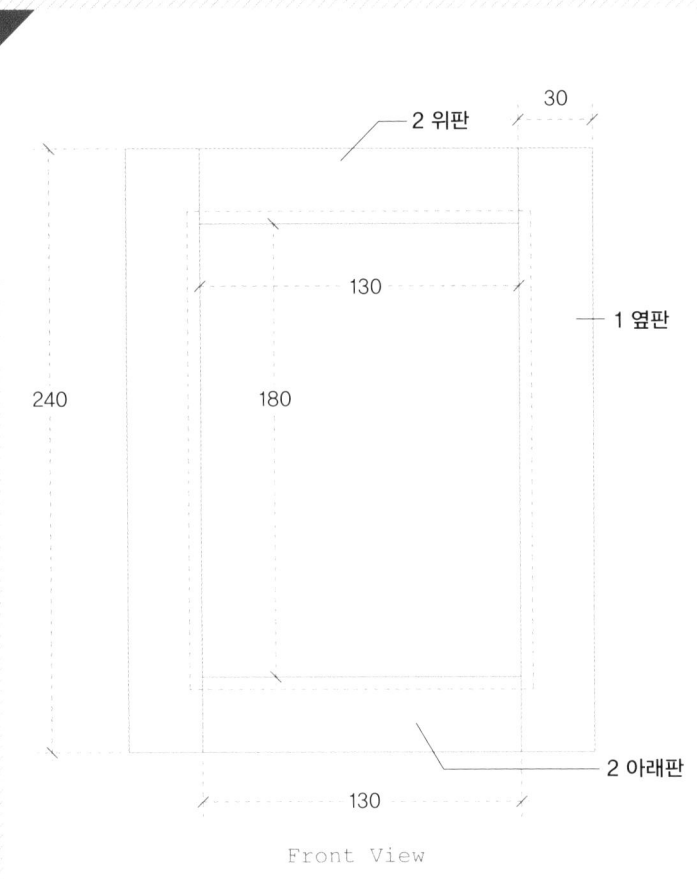

190

30

2 위판

130

— 1 옆판

240

180

130

2 아래판

Front View

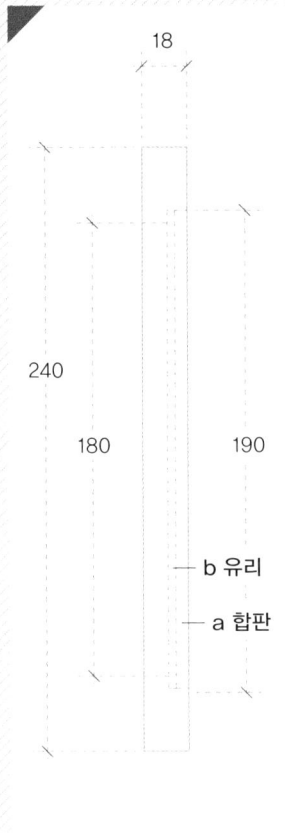

18

240

180   190

b 유리

a 합판

Side View

156.157

1. 액자 뒤에 유리와 뒤판을 끼우기 위해 트리머로 홈을 파줘야 한다. 헷갈리기 쉬우므로 트리머로 작업하기 전에 미리 할 부분을 마킹해둔다.

2. 유리와 뒤판을 넣기 위해 트리머를 이용해서 액자 뒷면에 깊이 5mm 폭 5mm의 홈을 판다.

3. 트리머로 홈을 파면 부재 양 끝은 둥글게 가공된다. 끌을 이용하여 직각으로 깨끗이 파준다.

4. 위판과 옆판에 본드를 칠한 뒤 3×38mm 나사못을 박아 결합시킨다.

5. 나머지 목재도 나사못을 박아 액자 틀 조립을 완성한다.

액자 뒷면

액자 앞면과 뒤판

6. 뒤판을 고정해주는 액자잠금쇠를 3×15mm 나사못을 박아 달아준다.

7. 유리와 뒤판을 액자 뒤에 끼우고 액자잠금쇠 4개로 고정시킨다.

8. 삼각고리를 3×15mm 나사못으로 부착시킨다.

TIP

액자 뒤판을 고정시켜주는 잠금쇠. DIY 온라인숍에서 손쉽게 구매 가능합니다. 액자잠금쇠를 고정시키려면 크기에 맞는 작은 나사못을 박아줘야 합니다.

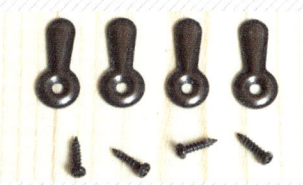

4. 서/랍/달/린/칠/판

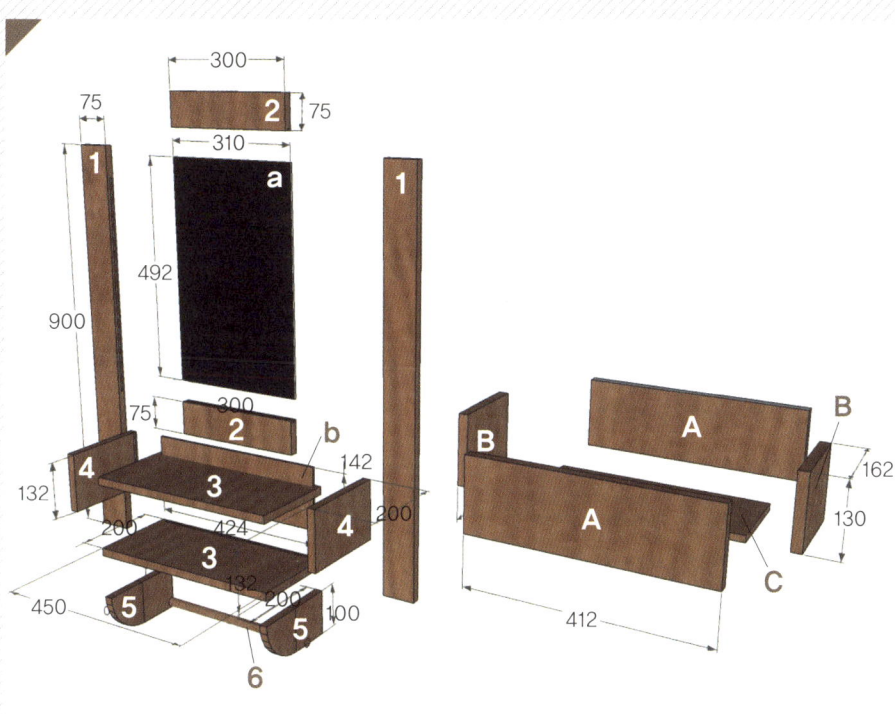

목재 물량산출

1. 옆판 900×75×18×2ea
2. 위아래판 300×75×18×2ea
3. 박스위아래판 450×200×18×2ea
4. 박스옆판 200×132×18×2ea
5. 박스보강재 200×100×18×2ea
6. 목봉(지름 10mm, 길이 460mm)
a. 칠판뒤판(합판) 492×310×5×1ea
b. 박스뒤판(합판) 424×142×5×1ea

서랍

A. 앞뒤판 412×130×18×2ea
B. 옆판 162×130×18×2ea
C. 밑판 376×162×18×1ea

부자재

나사못(3×38mm),
나무못(8×40mm),
손잡이 1개

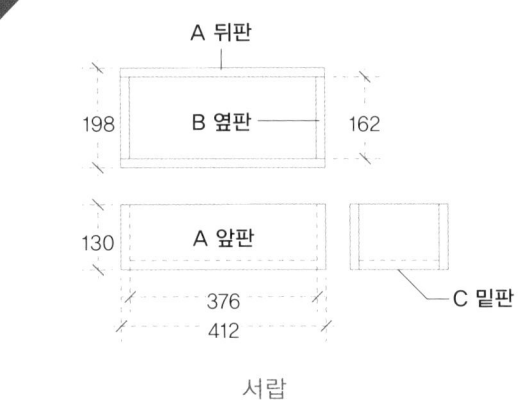

서랍

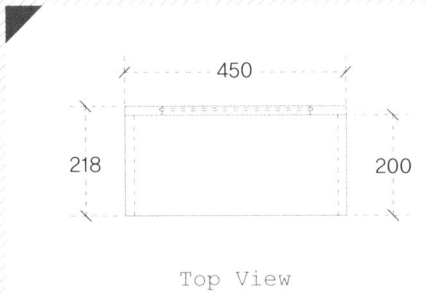

Top View

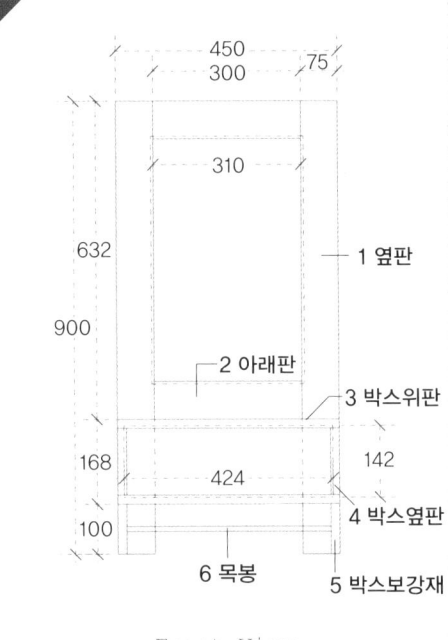

Front View

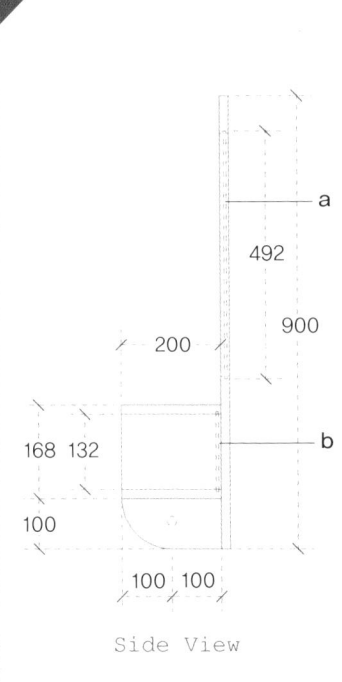

Side View

1. 칠판 위아래, 양쪽 옆판의 센터에 나무못 넣을 자리를 마킹한다.

2. 전동드릴을 이용하여 15mm 깊이의 구멍을 2개 뚫는 다. 드릴 비트에 스토퍼를 달아놓으면 같은 깊이로 드 릴링이 가능해져 편리하다.

3. 칠판 프레임 가운데에 뒤판(합판)을 넣기 위해 트리머를 이용하여 깊이 5mm, 폭 5mm 홈을 판다. 프레임 끝까지 홈을 파지 않고 끝에서 5mm 남긴다.

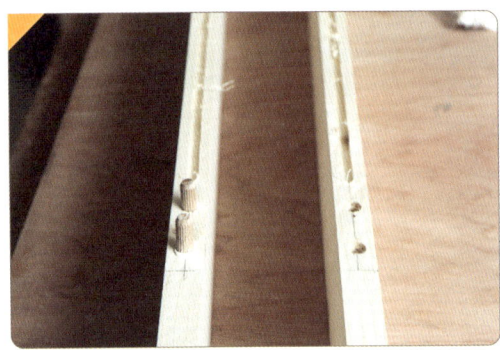

4. 칠판 옆판과 위아래판에 홈을 파고 나무못을 끼울 구멍을 뚫는다.

5. 좌측 옆판에 나무못을 박는다.

6. 옆판과 위판, 아래판을 나무못과 본드를 이용하여 연결한다.

7. 뒤판(합판)을 칠판 프레임 사이에 끼워넣는다.

뒤판(합판)

8. 나머지 옆판을 결합해서 칠판 프레임 조립을 완성한다. 칠판 프레임이 단단하게 접합되도록 클램핑해둔다.

9. 칠판 서랍의 본체(박스)를 만든다. 합판을 끼우기 위해 미리 서랍 본체 위아래판, 좌우옆판에 깊이 5mm의 홈을 트리머로 파야 한다.

10. 서랍 본체 뒤에 5mm 합판을 끼운다.

11. 서랍을 만든다. 본체에 잘 들어가는지 서랍을 끼어 본다.

12. 서랍 본체 밑에 댈 보강재에 컴퍼스로 라운드를 그린다.

13. 지그쏘를 이용해서 보강재의 마킹 선을 따라 라운드로 가공한다.

14. 보강재와 서랍 본체를 나무못을 이용하여 접합한다. 이때 고무망치나 나무망치로 보강재를 살살 때려가며 작업해야 목재가 상하지 않는다.

15. 보강재에 전동드릴을 이용하여 지름 10mm의 목봉 구멍을 뚫는다.

16. 보강재의 양쪽 구멍에 본드를 바른 목봉을 끼운다. 본드가 마르면 튀어나온 목봉 양 끝을 플러그톱으로 잘라준다.

17. 칠판 프레임과 서랍 본체 양쪽에 본드를 골고루 바른다.

18. 칠판 프레임과 서랍 본체를 나사못을 박아 결합시킨다.

19. 서랍 본체를 결합시킬 때 나사못을 양쪽에 각각 5~6개 정도 박는다.

조립 완성된 모습

20. 칠판페인트를 3회 정도 칠한다. 이때 칠판페인트가 옆 부재에 묻을 수 있으므로 페인팅 전에 마스킹테 이프를 붙여둔다.

21. 칠판페인트가 옆 부재로 번질 수 있으므로 페인트를 칠한 후 마스킹테이프를 약간 떼어준다.

TIP

나무못 자리를 전동드릴로 뚫을 때 도웰 포인트나 도웰 지그를 이용합니다. 지그란 것은 가구 제작 시 좀더 편리하고 정확하게 만들기 위해 쓰는 것입니다. 저는 좀더 정교한 작업이 가능한 '지니'라는 도웰 지그를 사용하지만, 현재 시중에서 구입하기 쉽지 않으므로 이 책에서는 도웰 포인트를 이용하여 가구를 만들었습니다.

5.2 / 인 / 용 / 벤 / 치

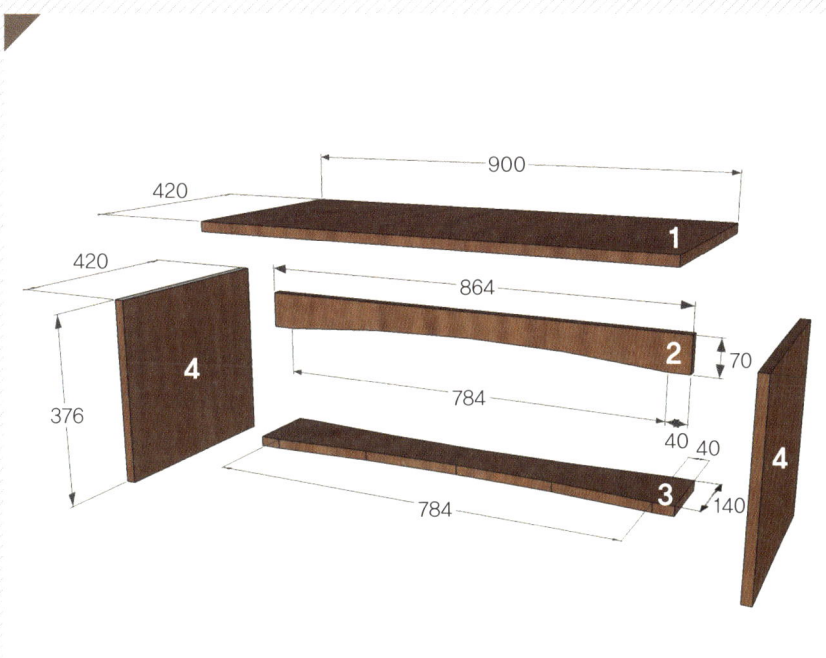

목재 물량산출

1. 상판 900x420x18x1ea
2. 상판보강재 864x70x18x1ea
3. 하부보강재 864x140x18x1ea
4. 옆판 420x376x18x2ea

부자재
나사못(3×38mm),
나무못(8×40mm)

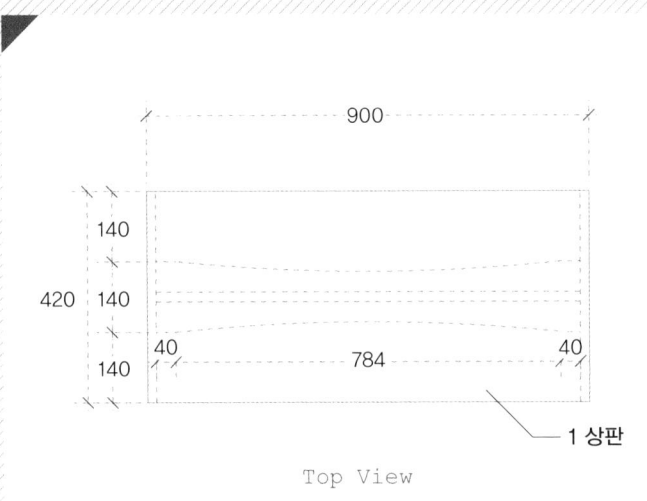

Top View

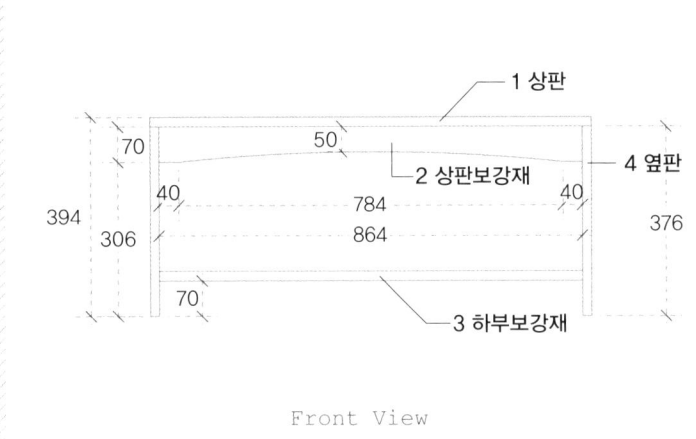

Front View

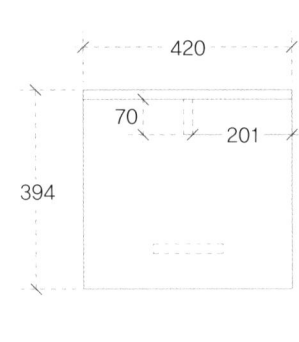

Side View

1. 옆판과 상판보강재, 하부보강재가 만나는 지점을 샤
   프로 마킹한다.

2. 상판보강재에 철자를 이용해서 타원형을 그려준 후 지그쏘로 잘라준다.

3. 상판보강재의 자른 면을 거친 사포 #80으로 샌딩한다.

4. 하부보강재의 양쪽 면을 곡선으로 재단선을 그린 후 지그쏘로 잘라준 뒤 거친 사포로 샌딩한다.

5. 상판과 옆판이 만나는 부분을 본드칠하고 3×38mm 나사못을 3개 박아 접합시킨다. 양쪽 맨 끝에서 2cm 정도 떨어진 곳에 나사못을 박는다.

6. 다른 쪽 옆판도 나사못을 박아 상판과 접합시킨다.

7. 상판보강재의 3면에 본드를 칠한 뒤 상판 밑의 중간지점에 넣고 나사못을 위와 옆에서 각각 2군데씩 박는다. 상 판보강재의 위치가 직각이 맞는지 확인하면서 나사못을 박아야 한다.

8. 상판보강재를 고정시키기 위해서 상판에 나사못을 4개 박는다.

9. 하부보강재와 옆판에 본드칠하고 나사못을 박는다. 나사못을 양쪽에 하나씩 번갈아가면서 박아 하부보강재의 수평을 맞춘다.

조립 완성된 모습

10. 하부보강재의 아랫면부터 오일을 칠한다. 마르면 #600 사포로 문지른다. 오일을 1회 더 칠해주고 마르면 고운 사포로 문질러 표면을 매끄럽게 만든다.

TIP

자투리 목재에 사포를 붙여서 샌딩하면 좀더 편리합니다. 가구를 만들다보면 자투리 나무가 많이 생기는데 이런 방법으로 활용하면 목재 쓰레기도 줄어들고 샌딩 작업에도 도움이 되니 일석이조인 셈이죠.

6. 코/너/선/반/장

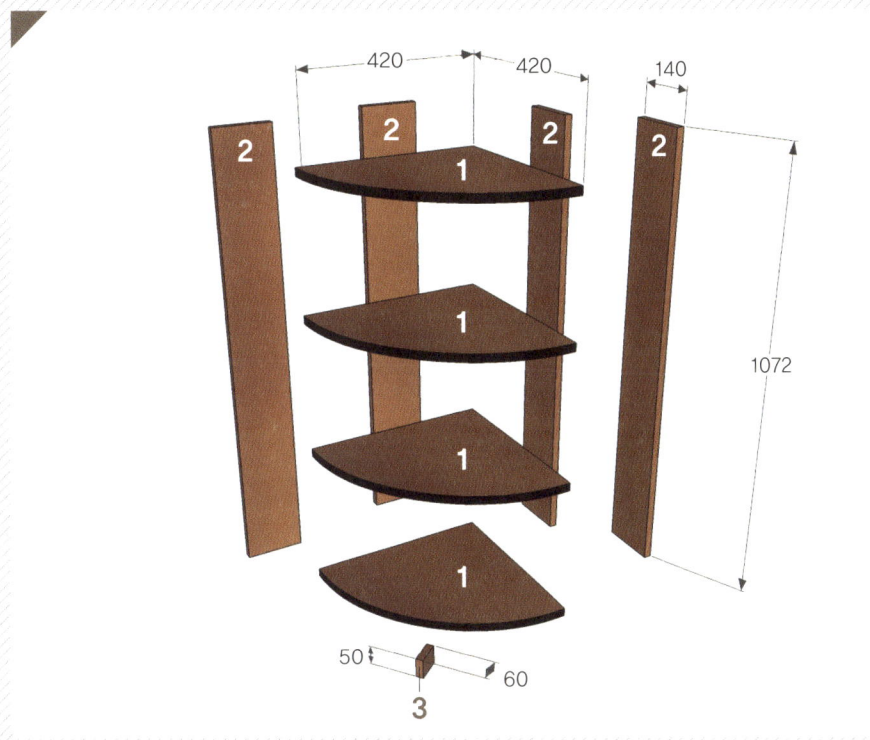

목재 물량산출

1. 상판 420x420x18x4ea
2. 옆판 1072x140x18x4ea
3. 보강다리 60x50x18x1ea

부자재
나사못(3×38mm),
나무못(8×40mm)

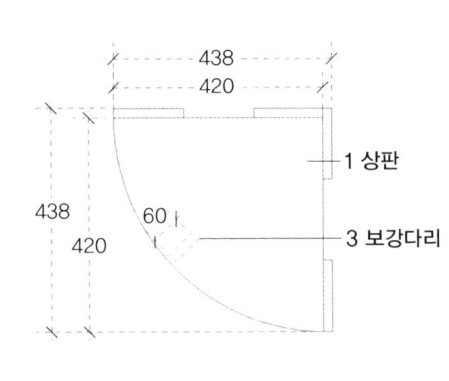

Top View

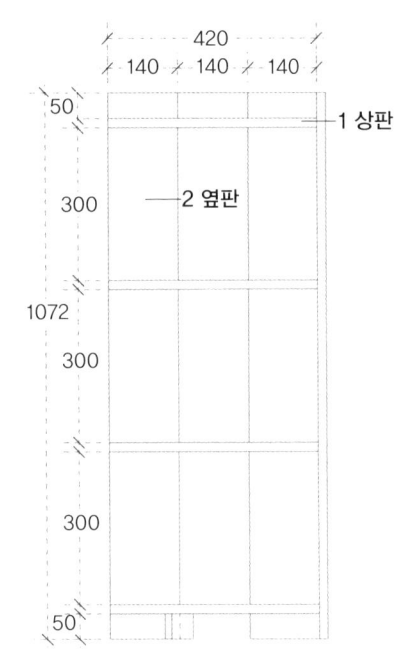

Front View

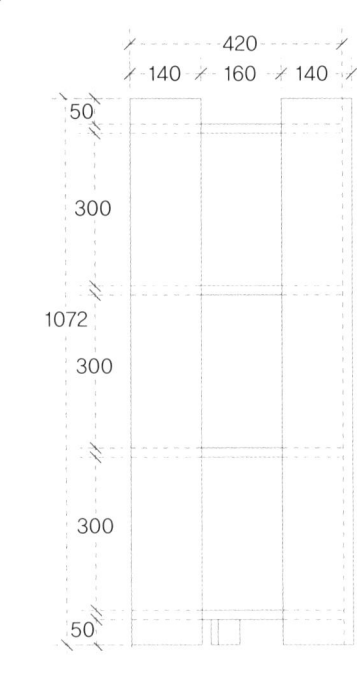

Side View

1. 반원을 그릴 수 있는 지그를 만든다. 지름 420mm의 반원을 그릴 수 있는 500×80mm의 직사각형 부재를 재단하고 양 끝에 구멍을 뚫는다.

2. 하나는 고정용 나사못을 박을 곳이고, 하나는 샤프가 들어갈 구멍이다. 지그의 끝을 판재(뒷면) 위에 올려 놓고 나사못으로 고정시킨다.

3. 지그를 이용하여 샤프로 반원을 그린다.

4. 반원 선을 따라 지그쏘로 자른다. 지그쏘가 없을 경우에는 실톱을 이용해도 좋다. 울퉁불퉁한 라운드 부분은 사포로 샌딩해서 매끄럽게 만든다.

5. 상판과 옆판이 만나는 부분에 샤프로 선을 긋는다.

6. 상판과 옆판을 본드칠한 후 나사못으로 박아 접합시킨다.

7. 옆판에 상판 4개를 차례대로 나사못을 박아 조립한다.

8. 두번째 옆판과 상판을 나사못으로 연결한다.

9. 상판의 직각 부분에 옆판을 대고 나사못을 박는다.

10. 남은 옆판을 차례대로 연결해 조립을 완성한다.

11. 선반에 물건을 올려놓았을 때 앞쪽으로 쏠릴 수 있으므로 맨 아래 상판 밑에 보강다리를 나사못으로 달아준다.

12. 셸락을 칠한다. 셸락에 용매재(에틸알코올)를 조금 따라주고 잘 섞은 뒤 천이나 붓으로 발라주면 된다.

13. 셸락이 마르면 #600 사포로 살짝 문질러주고 셸락을 한 번 더 칠한다. 4~5시간 정도 뒤에 마르면 #600 사포로 살짝 문질러줘서 마감한다.

7.미/니/3/단/서/랍/장

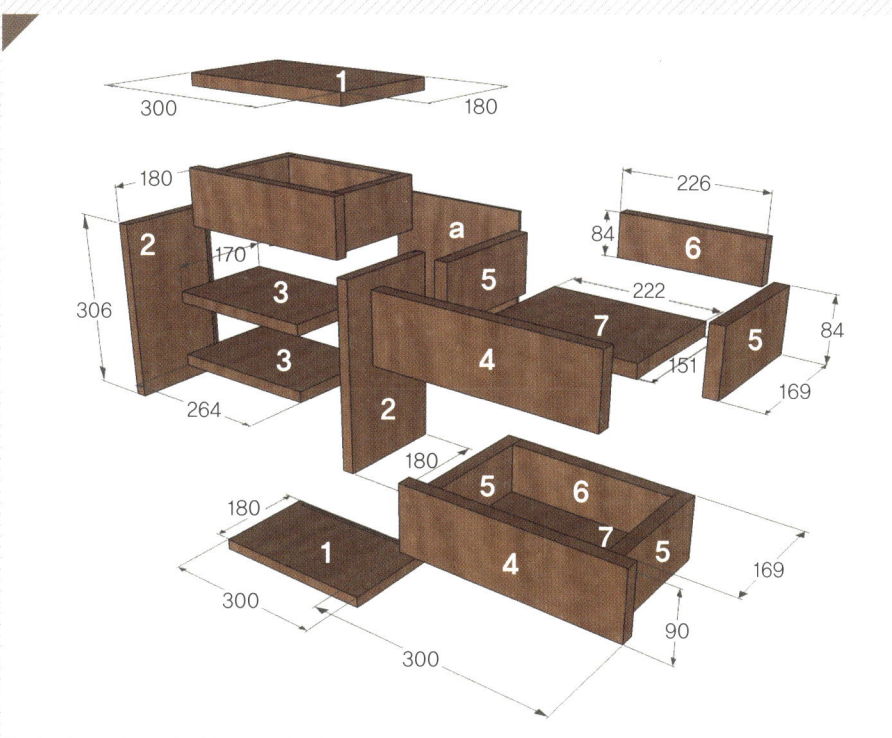

목재 물량산출

본체
1. 위아래판 300x180x18x2ea
2. 옆판 306x180x18x4ea
3. 중간판 264x170x18x2ea
a. 뒤판(합판) 316×274×5×1ea

서랍
4. 앞판 300x90x18x3ea
5. 옆판 169x84x18x6ea
6. 뒤판 226x84x18x3ea
7. 밑판 226x151x18x3ea

부자재
나사못(3×38mm),
나무못(8×40mm),
손잡이 3개

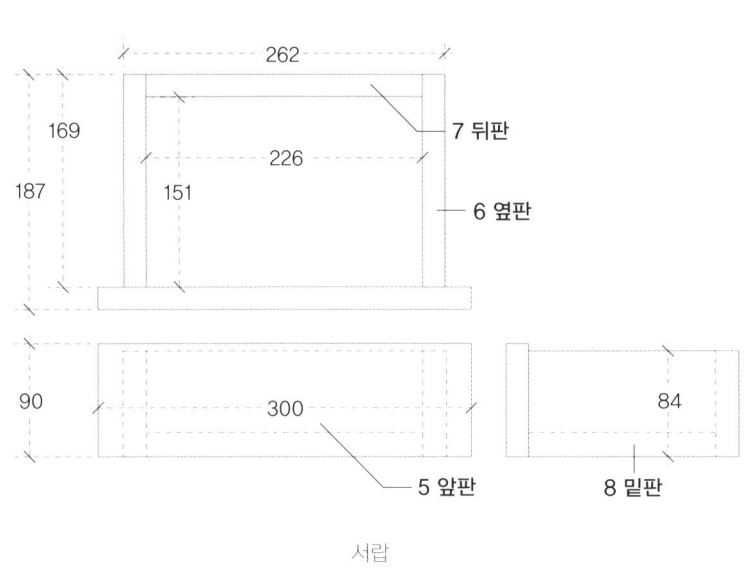

7 뒤판

6 옆판

5 앞판

8 밑판

서랍

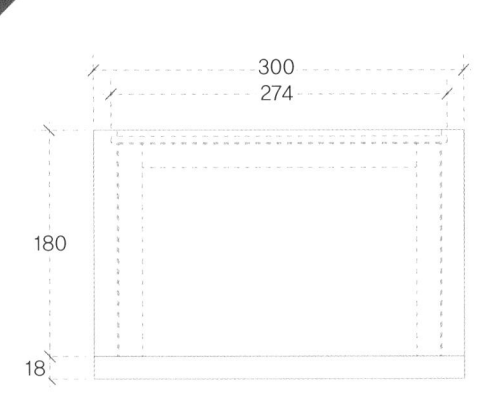

Top View

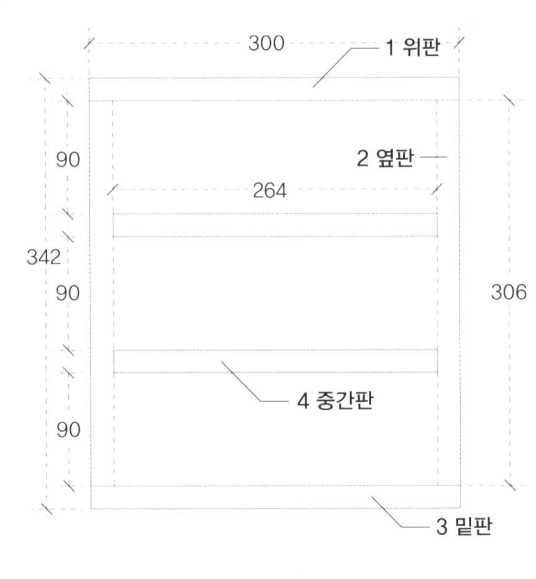

1 위판

2 옆판

4 중간판

3 밑판

Front View

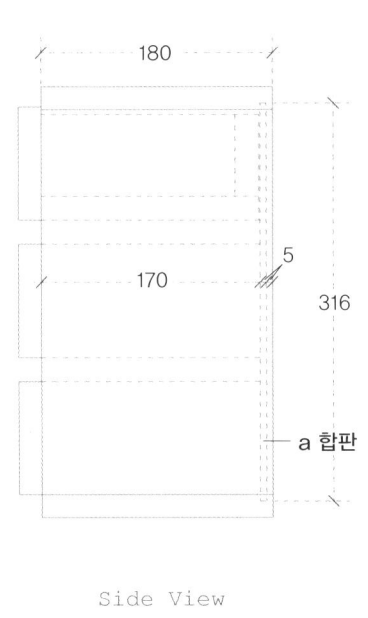

a 합판

Side View

1. 목재 수가 많으므로 도면을 보면서 개수와 치수가 맞
   는지 확인해본다.

2. 옆판과 중간판이 만나는 곳에 90mm 간격으로 샤프
   로 마킹한 후 직각자를 이용해서 선을 긋는다.

3. 위아래판과 옆판에 트리머로 합판 들어갈 자리를 깊이 5mm, 폭 5mm의 홈을 파낸다. 옆판은 양끝까지 트리머로
   가공하고 위아래판은 양끝 10mm 정도를 남긴 채 홈을 판다.

옆판과 위아래판을 트리머로 가공한 모습

4. 나사못 박을 곳을 미리 마킹해놓는다. 옆판과 중간판
   에 본드를 바르고 3×38mm 나사못을 3개씩 박는다.

5. 중간판을 차례대로 나사못으로 박아 조립한다.

6. 중간판을 박은 뒤 직각이 맞는지 직각자를 대고 확인
   한다.

7. 옆판에 중간판을 다 접합시킨 후 다른쪽 옆판도 본드
   칠하고 나사못을 박는다.

7번과 위판을 연결시킨 모습

8. 본드를 바르지 않고 뒤판(합판)을 본체에 끼워넣는다. 본드칠하지 않는 이유는 합판이 힘을 받는 곳이 아니기 때문이다. 만약 합판을 넣었을 때 너무 심하게 움직인다면 살짝 본드칠해서 고정시켜줘도 괜찮다.

9. 밑판을 나사못으로 박아 조립을 완성한다.

10. 서랍의 옆판과 뒤판, 아래판을 나사못을 박아 접합시킨다.

11. 10번에 본드칠한 뒤 앞판을 대고 나사못을 4개 박는
다. 이와 같은 방법으로 서랍 3개를 조립한다.

12. 조립이 완성된 모습. 서랍장에 서랍을 넣어보고 잘 열리고 닫히는지 확인한다.

13. 서랍문을 제외한 곳에 월넛 스테인을 칠한다. 서랍
    안쪽부터 바깥쪽 순으로 칠한다.

14. 서랍문에 바질 밀크페인트를 칠한다. 서랍문 외에 페인트가 묻지 않도록 마스킹테이프를 미리 붙여둔다. 페인트
    가 마른 후 #600 이상의 사포로 문지른다. 그리고 서랍문에 페인트를 1회 더 칠해주고 마른 뒤 사포로 문질러
    마감한다. 건조가 끝나면 서랍문에 손잡이를 달아준다.

8.오/픈/책/장

목재 물량산출

1. 위판 1126×280×18×1ea
2. 옆판 1014×280×18×4ea
3. 선반 450×280×18×6ea
4. 중간판 280×150×18×3ea
5. 선반보강재 450×30×18×6ea
6. 중간판보강재 150×30×18×3ea

부자재
나사못(3×38mm),
나무못(8×40mm)

Top View

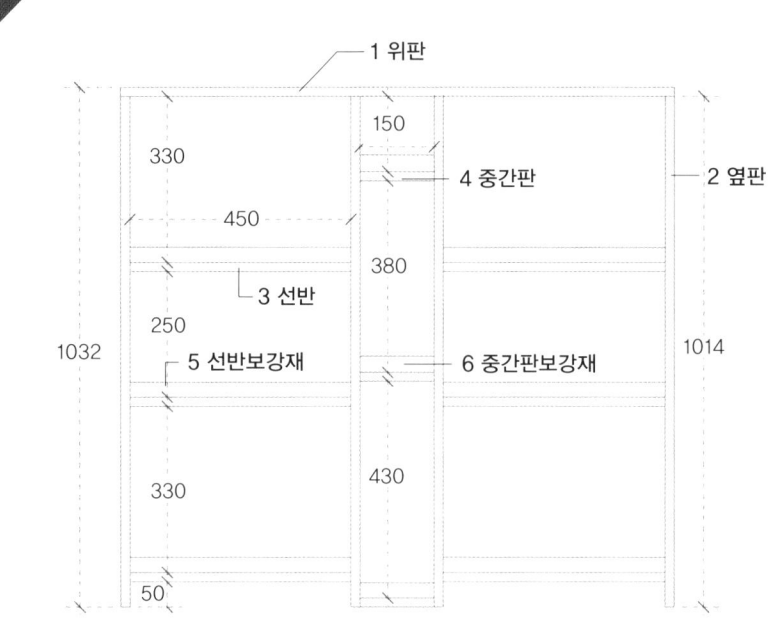

1 위판

150

4 중간판

2 옆판

330

450

380

3 선반

250

1032

5 선반보강재

6 중간판보강재

1014

330

430

50

Front View

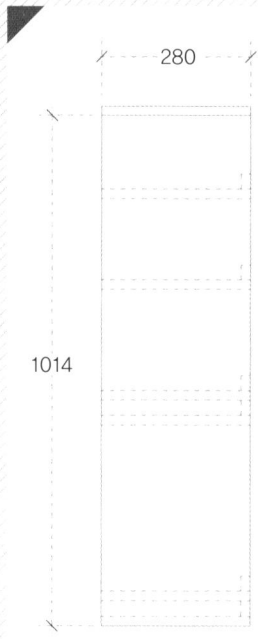

280

1014

Side View

1. 옆판에 선반이 연결될 부분을 샤프로 표시한다. 헷갈리기 쉬우므로 연결시킬 판재가 마킹 선 위인지 아래인지를 꼭 표시해야 한다.

2. 먼저 우측 책장을 조립한다. 옆판에 본드칠한 뒤 선반 3개를 순서대로 나사못으로 연결한다.

3. 옆판과 위 선반을 접합시킨 후 중간 선반, 아래 선반 순으로 조립한다.

4. 우측 책장이 완성되었다. 반대쪽 좌측 책장도 이와 같은 방법으로 조립한다.

5. 좌우측 책장을 중간판 3개로 연결시킨다. 가운데 중간판을 먼저 나사못으로 박고, 위에서 아래 순으로 조립한다.

6. 선반 6개와 중간판 3개 뒤쪽에 보강재 9개를 각각 본드칠해서 끼워넣는다. 보강재가 잘 안 들어갈 때에는 나무망치로 살살 때려가면서 넣는다.

7. 판재끼리 잘 붙도록 클램핑한 뒤 마지막으로 위판을 나사못으로 박는다.

8. 조립이 완성된 모습. 전체적으로 고운 사포로 샌딩해준 뒤 오일을 칠한다.

TIP

가구를 조립한 뒤 클램핑할 때 자투리 나무를 대주는 게 좋습니다. 그
냥 클램핑하면 가구에 클램프 자국이 남는 경우가 많기 때문입니다.

9. 전/자/레/인/지/수/납/장

목재 물량산출

1. 옆판 1182×70×18×4ea
2. 위판 550×450×18×1ea
3. 선반 514×450×18×3ea
4. 이동식선반 488×400×18×1ea
5. 선반보강재 514×50×18×4ea
6. 이동식선반 앞판 512×48×18×1ea
7. 옆판보강재 310×68×18×6ea

부자재
나사못(3×15mm, 3×38mm),
나무못(8×40mm),
350mm 3단레일 1조

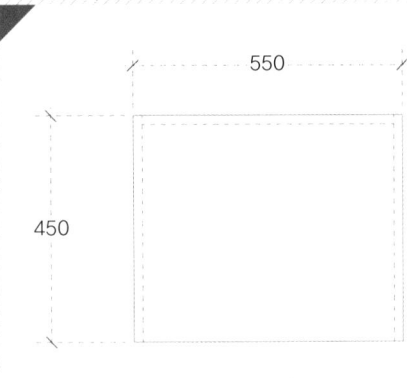

Top View

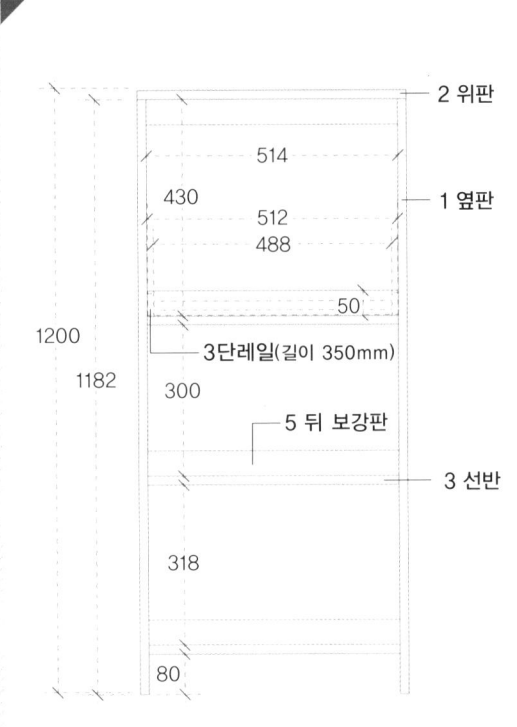

Front View

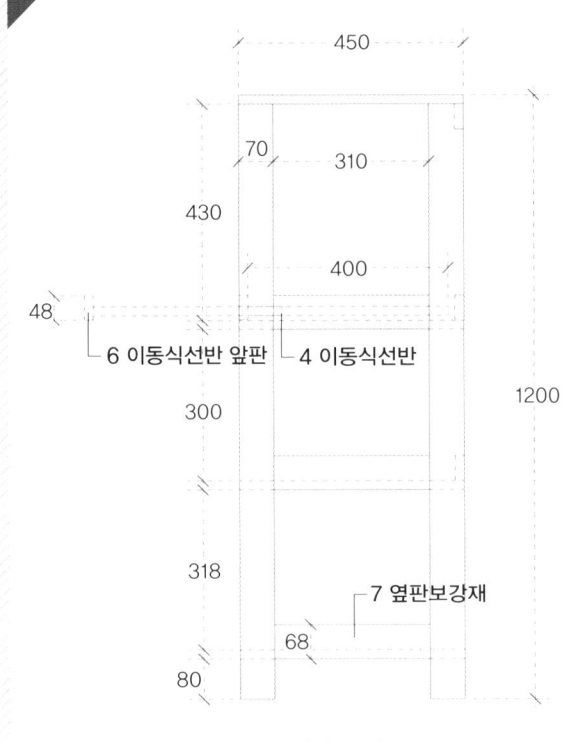

Side View

1. 옆판에 보강재가 연결될 부분을 마킹한 뒤, 옆판과 보강재를 나무못으로 연결시키기 위해 나무못이 들어갈 구멍을 전동드릴로 뚫어준다.

2. 보강재에 나무못을 나무망치로 살살 때려가며 2개씩 넣는다.

3. 옆판에 보강재 3개를 차례대로 연결시킨다.

4. 우측 다리 부분을 조립한다. 자투리 나무를 목재 위에 대고 나무망치로 살살 두들겨야 스크래치가 생기지 않는다. 중간중간 직각이 맞는지 확인하는 것을 잊지 말자.

5. 좌측 다리 부분도 이와 같은 방법으로 조립을 완성한다. 본드가 마를 때까지 클램핑해두자.

6. 선반과 선반보강재를 나사못으로 결합해서 3개를 조립한다. 선반 양 옆쪽에 레일을 달 때 또 나사못이 박히므로 자리를 마련해놓도록 한다.

7. 우측 옆판 맨 아래 선반을 나사못으로 접합시킨다.

8. 나머지 선반 2개도 우측 옆판과 연결시킨다.

9. 8번과 좌측 옆판을 맨 아래 ⇨ 중간 ⇨ 위 순서대로 나사못을 박아 접합시킨다.

10. 위판을 얹어보고 선반보강재를 먼저 나사못으로 박 아 달아준다.

11. 위판을 나사못으로 박아 조립을 완성한다.

12. 3단레일을 준비한다. 3단레일의 두께가 제품마다 다르 므로 정확한 두께 치수를 파악한 뒤 선반을 정확히 재 단해야 한다. 이 책에 나온 레일의 두께는 13mm이다.

13. 이동식선반에 3단레일을 달아준다. 3단레일의 구멍 에 나사못을 3개 박는다.

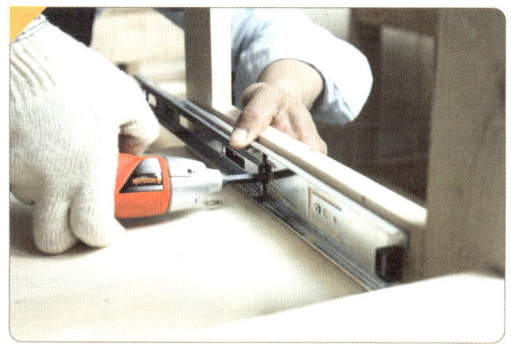

14. 몸체에 3단레일의 나머지 부품을 달아준다.

3단레일을 달아준 모습

15. 이동식선반 아래에 자를 받쳐두고 선반 앞판을 달아준다. 자를 받쳐두면 일정한 공간을 띄우고 이동식선반 앞판을 달기가 용이하기 때문이다. 약간의 공간을 띄워줘야 이동식선반을 앞으로 뺄 때 부드럽게 움직인다.

16. 조립을 완성한 후 밀크페인트를 2회 칠하고 글레이즈를 2회 발라 마감한다.

17. 밀크페인트를 칠한 후 스펀지붓으로 글레이즈를 군데군데 가볍게 바른다.

18. 헝겊으로 글레이즈 바른 곳을 문질러 전체적으로 자연스럽게 색이 번지도록 조절한다.

10. 의/자

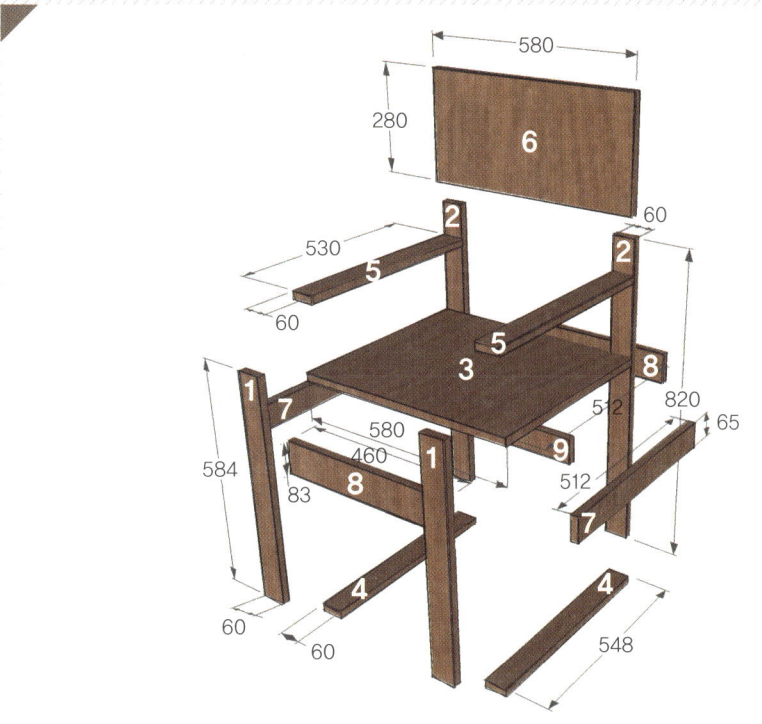

목재 물량산출

1. 앞다리 584×60×18×2ea
2. 뒷다리 820×60×18×2ea
3. 상판 580×512×18×1ea
4. 다리밑판 548×60×18×2ea
5. 팔걸이 530×60×18×2ea
6. 등받이 580×280×18×1ea
7. 다리옆보강재 512×65×18×2ea
8. 상판보강재 460×83×18×1ea
9. 상판중간보강재 544×65×18×1ea

부자재

나사못(3×15mm,
3×38mm),
나무못(8×40mm),
ㄱ자꺾쇠

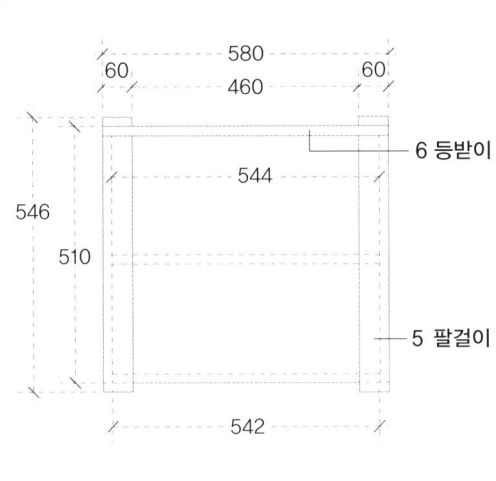

580
60
460
60
6 등받이
544
546
510
5 팔걸이
542

Top View

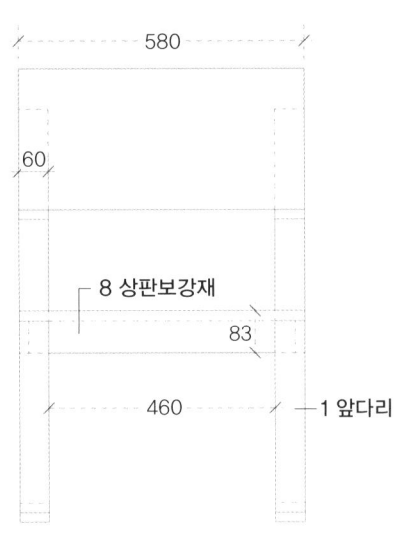

580
60
8 상판보강재
83
460
1 앞다리

Front View

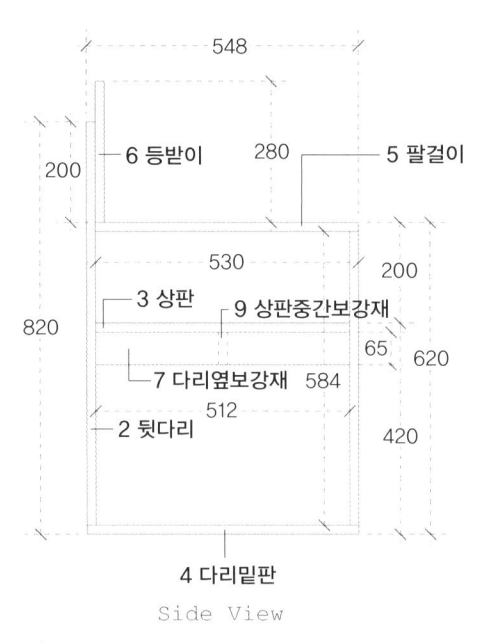

548
200
6 등받이
280
5 팔걸이
530
200
3 상판
9 상판중간보강재
820
65
620
7 다리옆보강재
584
2 뒷다리
512
420
4 다리밑판

Side View

1. 팔걸이 부재와 앞다리를 제일 먼저 나사못으로 연결
시킨다.

2. 1번과 다리옆보강재를 연결한다.

3. 2번과 다리밑판에 본드칠하고 나사못을 박아 접합시
킨다.

4. 뒷다리를 연결하여 한쪽 다리 전체를 조립한다.

5. 이와 같은 방법으로 다리 프레임 2개를 완성한다.

6. 양쪽 의자 프레임과 상판보강재를 나무못으로 접합시
키기 위해 전동드릴로 구멍을 2개 뚫고 나무못을 박
는다.

7. 6번의 다리 프레임을 바닥에 눕혀놓고 다리옆보강재 2개를 나무못을 이용하여 연결시킨다.

8. 다리옆보강재 위에 상판을 올려놓고 나사못을 박는다.

9. 8번과 나머지 다리 프레임을 연결한다. 의자를 세워놓고 상판보강재 2개를 본드칠해서 부착시킨다. 부재와 부재가 틈 없이 결합될 수 있도록 클램프로 꽉 조여준다.

10. 상판중간보강재를 본드칠해서 상판 아래에 끼워넣는다.

11. 상판중간보강재를 의자 옆쪽에서 나사못을 박는다.

12. 상판과 상판중간보강재를 ㄱ자꺾쇠를 이용하여 달아 준다. 이때 3×15mm 나사못을 사용한다.

13. 나무는 온도에 따라 수축팽창하므로 ㄱ자꺾쇠를 목재에 딱 붙이지 않고 1mm 정도 띄는 것이 좋다.

14. 대각선 방향으로 나사못을 2군데 박아 등받이를 달아준다.

조립 완성된 모습

15. 등받이의 각진 면을 평대패로 쳐서 날카로운 각을 없앤 후 고운 사포로 샌딩한다.

11. 원/형/테/이/블

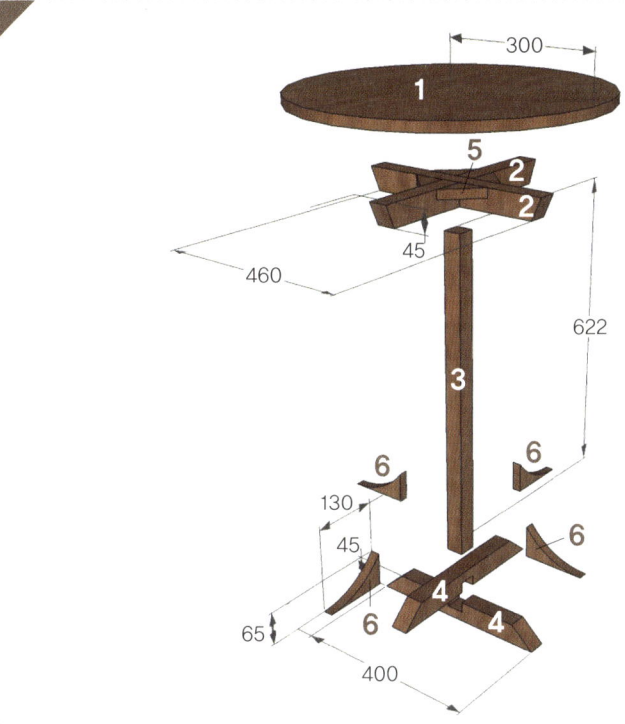

목재 물량산출

1. 상판 600×600×18×1ea
2. 상부프레임 400×45×45×2ea
3. 다리 622×45×45×1ea
4. 하부프레임 400×45×45×2ea
5. 상판보강재 65×65×18×4ea
6. 하부보강재 130×65×18×4ea

부자재
나사못(3×15mm, 3×38mm),
나무못(8×40mm), 8자철물

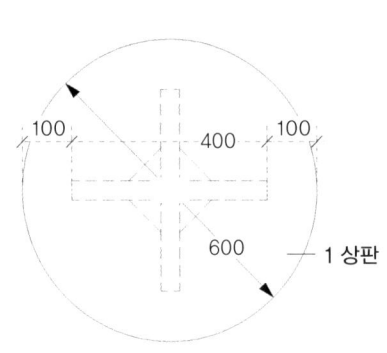

100 400 100

600

1 상판

Top View

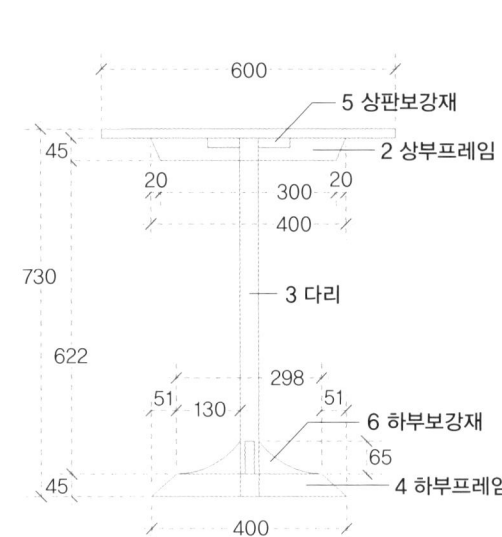

600

5 상판보강재

45

2 상부프레임

20 300 20

400

730

3 다리

622

298

51 130 51

6 하부보강재

65

45

4 하부프레임

400

Front View

1. 원형 상판을 재단하는 데 필요한 지그를 만든다. 지그의 크기는 400×80mm의 직사각형 판재로 구멍을 2개 뚫어준다.

2. 상판 부재에 지그를 이용하여 지름 600mm 원을 그어준 뒤 지그 쏘로 잘라준다. 원형 선에 10mm 여분을 더해서 잘라주는 것이 안전하다.

3. 지그쏘로 세밀하게 재단하기가 어려우므로 트리머를 이용하여 재단 선을 고르고 매끄럽게 만든다.

4. 상부프레임과 하부프레임은 서로 반턱맞춤으로 하기 때문에 서로 반대방향으로 톱과 끌을 이용하여 반턱 모양으로 파준다.

상부프레임   하부프레임

5. 상부프레임을 반턱맞춤으로 가조립한 모습. 본드를 바르지 않고 가조립해서 반턱맞춤이 잘되는지 확인해보는 과정이다. 끌질이 정확하지 않을 경우 접합이 안 될 수도 있으므로 가조립 작업은 필수이다.

6. 상부프레임과 하부프레임 양 끝을 사선으로 톱을 이용하여 자른다. 이때 사선의 길이는 51mm.

7. 45×45mm 판재 2개를 이용하여 대각선으로 톱질하여 4개의 상판보강재를 만든다. 하부보강재도 130×65mm 판재 2개를 이용하여 대각선으로 톱질하여 4개로 만든다. 하부보강재에는 모양을 내기 위해 철자를 이용하여 타원형을 그린 후 지그쏘로 재단한다. 하부보강재의 둥근 부분을 사포를 이용하여 면을 매끄럽게 해준다.

8. 상부프레임 아래쪽 중앙에 나무못 4개를 박고 본드를 칠한다.

9. 상부프레임과 다리를 나무못으로 결합시킨다.

10. 상부프레임에 본드칠을 하고 상판보강재를 댄 후 나사못 2개를 박는다.

11. 본드가 굳을 때까지 클램핑을 해둔다.

12. 11번과 하부프레임을 나무못으로 연결시킨다.

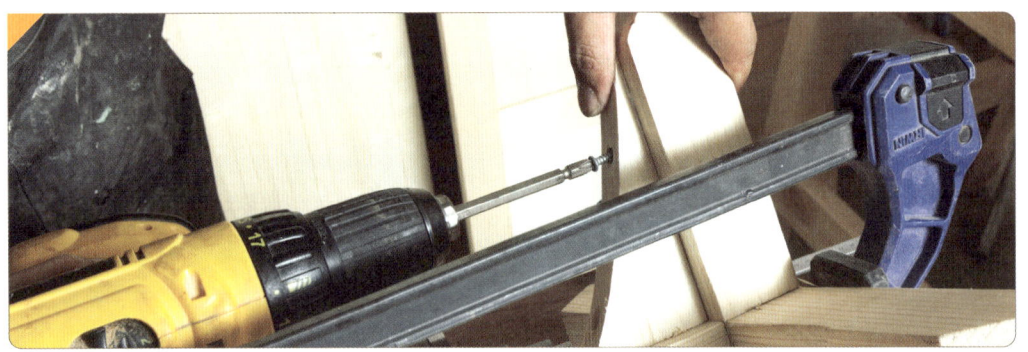

13. 하부프레임과 하부보강재를 나사못 2개로 결합시킨다.

14. 상판보강재 위 4곳에 8자철물을 달 수 있도록 트리머로 2mm 깊이의 홈을 판다. 트리머가 없을 경우 끌로 작업한다.

15. 상판 아래쪽에 상부프레임과 만날 곳을 미리 마킹해둔다. 8자철물을 이용해서 상판과 다리를 연결시킨다.

16. 조립 완성된 모습. 다리가 흔들리지 않는지 살펴본다.

17. 다리에는 월넛 스테인을 칠하고 상판에는 바질 밀크페인트를 2회
    정도 발라서 마감한다.

TIP

상판을 원형으로 재단하려면 지그쏘가 필요합니다. 지그쏘가 없을
경우에는 사각탁자로 만드는 것도 한 방법입니다. 원형 탁자를 만들
경우 판재를 본래 크기보다 최소 10mm 이상 크게 절단을 해야 합
니다. 정재단으로 할 경우 실수하게 되면 정원이 나오기 힘듭니다.
인터넷으로 주문할 경우에는 가로세로 600mm의 부재가 필요하다
면 최소 610~620mm 정도로 주문하는 것이 바람직합니다.
지그쏘로 상판을 재단한 경우에는 #60~#80의 거친 사포로 샌딩을
해줘야 면이 고르게 나올 수 있습니다. 그리고 #220 이상의 사포로
마감샌딩을 해줘야 합니다.

12. 서 / 랍 / 달 / 린 / 책 / 상

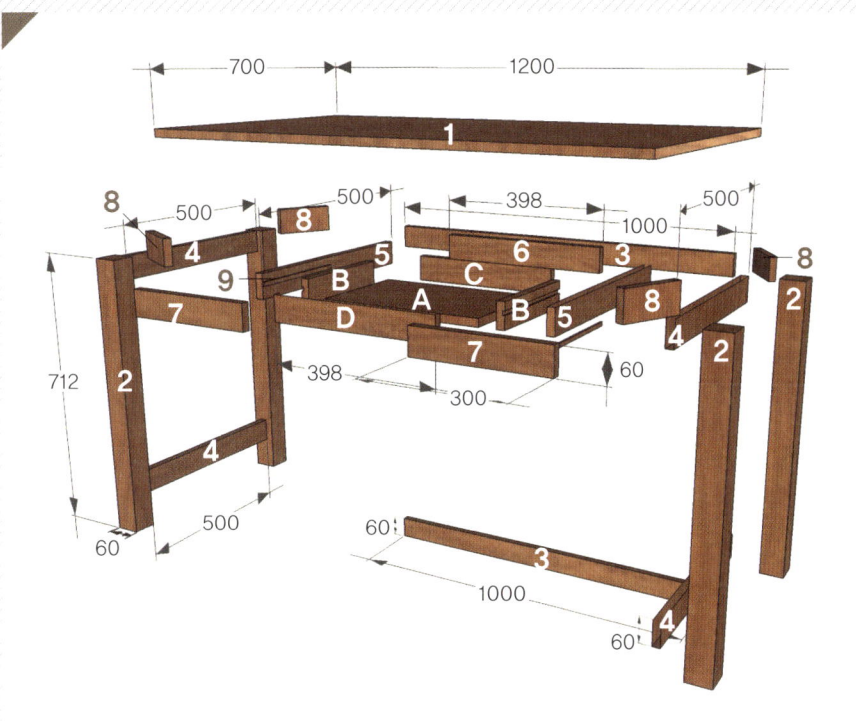

목재 물량산출

1. 상판 1200×700×18×1ea
2. 다리 712×60×60×4ea
3. 뒤보강재 1000×60×18×2ea
4. 옆보강재 500×60×18×4ea
5. 서랍옆보강재 541×60×18×2ea
6. 서랍뒤보강재 398×60×18×1ea
7. 앞보강재 300×60×18×2ea
8. 다리보강재 130×60×18×4ea
9. 나무레일 260×8×5×2ea

서랍

A. 밑판 374×247×12×1ea
B. 옆판 259×58×12×2ea
C. 뒤판 374×58×12×1ea
D. 앞판 398×58×18×1ea

부자재

나사못(3×15, 3×38mm),
나무못(8×40mm),
8자철물, ㄱ자꺾쇠, 손잡이

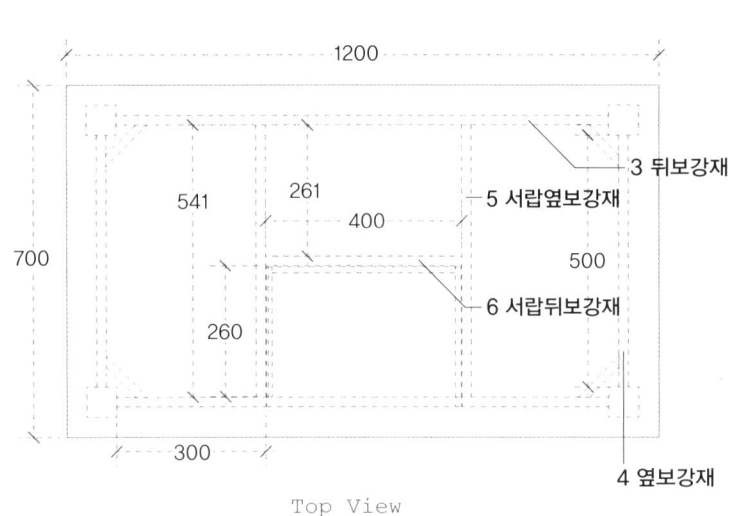

1200

700

541
261
400

3 뒤보강재

5 서랍옆보강재

500

6 서랍뒤보강재

260

300

4 옆보강재

Top View

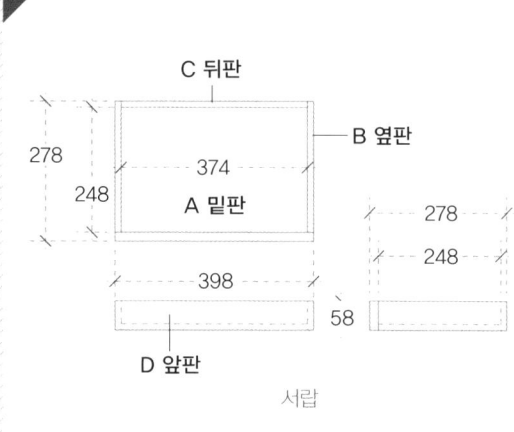

C 뒤판

278

B 옆판

374

248

A 밑판

278

248

398

58

D 앞판

서랍

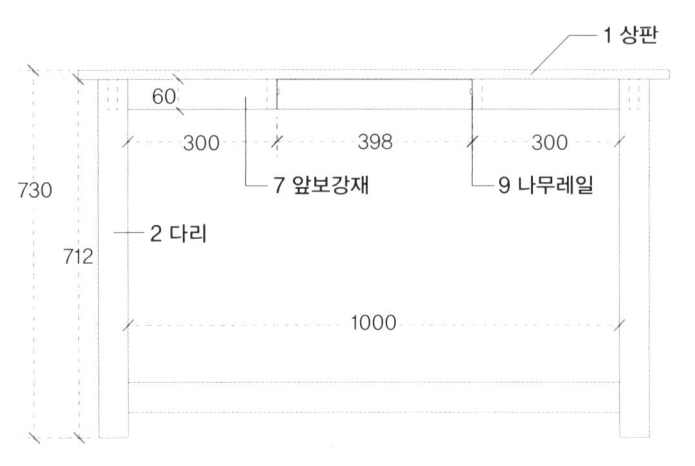

1 상판

60

300

398

300

7 앞보강재

9 나무레일

730

2 다리

712

1000

Front View

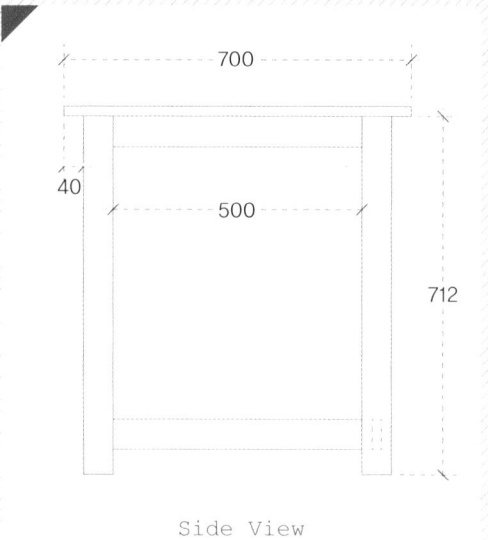

700

40

500

712

Side View

1. 다리와 옆보강재에 나무못이 들어가는 자리를 샤프로 마킹한다.

2. 전동드릴을 이용하여 나무못 구멍을 2개 뚫는다. 스토퍼를 이용하면 동일한 깊이로 구멍 뚫기가 용이하다.

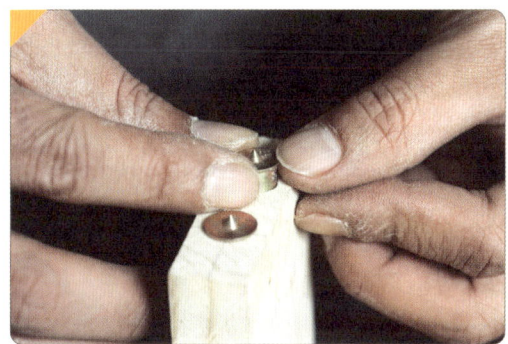

3. 나무못 구멍에 도웰 포인트를 끼워놓고 접합되는 반대편 판재에 나무못 자리를 표시한다.

4. 다리에 나무못 구멍을 전부 다 뚫은 모습. 나무못을 2개씩 박고 본드를 칠한다.

5. 다리와 옆보강재 2개를 나무못을 이용하여 결합시킨다.

6. 맞은편 다리에도 나무못을 박아주고 5번과 접합시킨다.

7. 이런 방식으로 맞은편 다리도 조립한다. 다리와 옆보강재가 직각으로 조립되었는지 직각자를 이용하여 확인한 다음 단단히 결합시키기 위해 클램핑해둔다.

8. 앞보강재와 서랍옆보강재를 나사못을 이용하여 연결한다. 이와 같은 방법으로 2개를 조립한다.

9. 8번과 서랍뒤보강재를 본드칠한 뒤 나사못으로 연결한다.

30mm

10. 서랍옆보강재 양쪽에 본드칠을 해서 나무레일을 부착시키고 클램핑한다. 높이 30mm 목재(지그)를 만들어서 그 위에 나무레일을 올려두면 작업하기 편리하다.

11. 다리 프레임 양쪽과 뒤보강재, 10번을 접합시키기
위해 다리에 나무못을 2개씩 세 군데 박는다.

12. 다리 프레임 한쪽을 바닥에 눕혀놓고 뒤보강재를
나무못을 이용하여 연결시킨다.

13. 12번과 10번을 나무못으로 접합시킨다.

14. 13번과 다리 쪽 옆보강재를 연결한다.

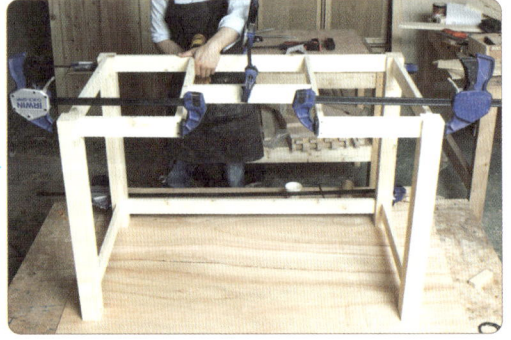

15. 14번과 다른쪽 다리 프레임을 나무못으로 연결하고 클램핑한다. 본드가 마를 동안 하루 정도 클램핑하는 것이
좋다. 뒤보강재와 서랍 프레임에 본드칠하고 나사못을 박는다.

16. 서랍 옆판에 트리머(12mm 비트)로 깊이 5mm의 나무레일 홈을 파준다.

17. 서랍 옆판 2개에 나무레일이 들어갈 홈이 완성되었다.

18. 서랍을 만든다. 서랍 판재는 나사못을 박아 조립한다.

19. 다리보강재를 만들기 위해, 보강재 양쪽을 톱을 이용하여 45도로 자른다. 보강재 4개를 재단한다.

20. 다리 프레임에 다리보강재를 대고 직각 방향으로 나사못을 4개 박는다.

21. 8자철물을 달 수 있도록 다리 프레임에 트리머를 이용하여 2mm 깊이의 홈을 판다. 트리머가 없을 경우 끌을 이용해도 좋다. 상판과 다리 프레임은 8자철물과 ㄱ자꺾쇠로 연결시킨다.

22. 8자철물 14개를 3×15mm 나사못으로 달아준다.

ㄱ자꺾쇠

23. 상판을 아래로 눕혀두고 ㄱ자꺾쇠를 3×15mm 나사못으로 우선 한 군데만 박는다. 2번째 ㄱ자꺾쇠를 달며 상판이 맞게 자리 잡았는지 확인한 후 8자철물에 나사못을 전부 다 박는다.

24. 조립 완성된 모습. 서랍이 매끄럽게 잘 움직이는지 확인해보자.

25. 전체적으로 고운 사포로 샌딩하고 오일을 칠하고 잘 말린 뒤, 마지막으로 서랍에 손잡이를 달아준다.

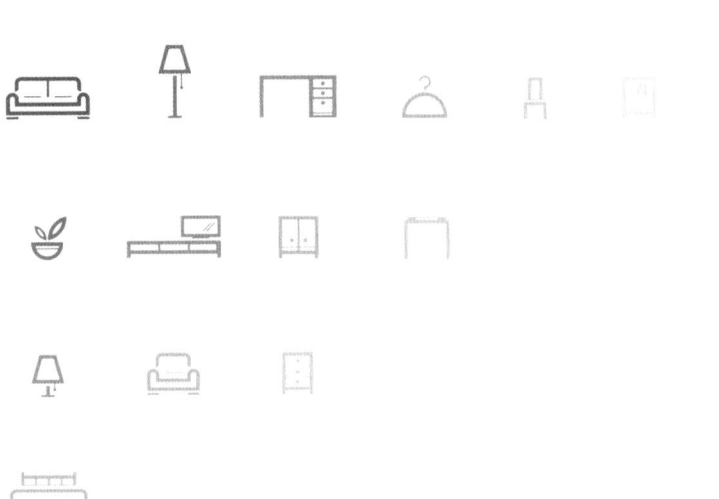

Part 5

가구 공방을 창업해볼까?

1. 삼십대에 가구 디자이너를 꿈꾸다

삼십대 남자, 길을 잃고 방황하다

"지금 하고픈 일을 하며 행복하게 살고 있습니까?" 이 질문에 당당히 대답할 수 있는 사람이 얼마나 될까요? 자기가 하고 싶은 일을 한다는 건 정말 쉽지 않은 일 같습니다. 저역시 한동안은 당당하게 말할 수 있는 처지가 아니었습니다. 하지만 지금은 누구보다 자신 있게 답할 수 있습니다. 원하는 일을 하며 기대 이상의 만족을 얻고 있다고. 물론, 만족을 얻기까지는 숱한 고민과 시행착오를 거쳤습니다.

기억을 되짚어보면 저는 어릴 적에 프라모델 만들기에 심취했었고, 초등학생 때부터 중학생 시절까지 꾸준히 손으로 만드는 일에 빠져들었습니다. 잦은 이사 탓에 지금은 거의 사라지고 없지만, 당시 만든 것들을 모아두었다면 아마 집 한 채는 채울 만큼의 양이 되었을 겁니다. 학교가 파하면 신촌의 프라모델 상점에 들러 건담이며 보트, 탱크 등을 곧잘 사모았던 기억이 아직도 생생한 걸 보면 손으로 만드는 일에 대한 동경은 그때부터 시작되지 않았나 싶습니다. 고등학교를 졸업하고 숱한 방황 끝에 선택한 전공은 건축이었습니다. 큰 계기가 있었던 건 아니고, 누구나 한번쯤 그런 마음을 먹듯 TV 드라마에서 탤런트 박상원 씨가 건축가로 분해 멋진 연기를 펼친 모습을 보고 막연한 동경에 결정한 것이지요. 물론 금세 깨달았습니다. 드라마에서 보여준 건축가의 모습은 많이 포장된 이미지라는 걸. 원래가 낙천적이고 긍정적인 터라 고민도 잠시 접어두고 열심히 적응했습니다. 졸업 후 첫 직업이었던 건축설계 일도, 두번째로 가졌던 부동산 컨설턴트도, 잠깐 운영했던 바Bar도 열심히 했습니다. 하지만 갈수록 지쳐만 갔습니다. 하루에도 열두 번씩 그만둘까 말까 하는 고민에 휩싸이곤 했습니다. 노력하면 적응되겠지, 자리 잡을 수 있겠지 하는 기대감이 초조함으로 변했고, 원하는 만큼 성과를 보이지 못할 때면 실망감이 커 스스로를 옥죄곤 했습니다. 그러한 생활이 반복되다보니, 일에 대한 흥미도 점점 잃어갔습니다.

　　물론 답은 있습니다. 적성에 맞는 일을 찾으면 됩니다. 하지만 삼십대라는 늦은 나이와 잘 안 풀릴 경우 맞닥뜨릴 불안한 미래 앞에, 계획은 늘 실천으로 옮기지 못했습니다. 모든 걸 버리고 새로 시작하자는 용기가 어쩌면 무모함은 아닐지 심각하게 고민했습니다. 그러다 소중한 인연을 만나 용기를 내었고, 지금의 제 길을 찾았습니다.

나 침 반 그 녀 를 만 나 다

제 인생의 변화에는 몇 년 전 사귀었던 여자친구가 계기가 되었습니다. 그녀는 정말로 제 인생의 한 획을 그어줬다고 해도 과언이 아닙니다. 누구나 그렇듯 사랑하는 사람과의 만남이 깊어질수록 행복한 가정과 미래를 꿈꿉니다. 저 역시 행복한 결혼생활을 그리며 현재의 제 모습과 더불어 함께할 미래의 모습까지 설계해보았습니다. 물론 밝진 않았습니다. 일에 적응 못 하고 방황하던 터라 가정을 잘 이끌 수 있을지 자신이 없었던 거죠. 그때부터였을 겁니다. '어떤 일을 해야 할까'에 대한 치열한 고민을 시작한 시기가. 매일매일 생각하고 또 생각했습니다. 충분히 즐겁게 일할 수 있어야 하고 생계 걱정도 덜며, 그러면서도 안정된 노후까지 보장되는 일이 무엇일까? 그러다 내린 결론이 바로 가구 디자이너입니다.

손으로 만드는 일이라면 자신 있던 터라 결혼 후 취미 삼아 작은 소품이라도 만들어보자던 생각이 구체화되면서 직업으로 삼자는 결심이 섰습니다. 어쩌면 진정 바라던 일을 이룰 마지막 기회라는 생각이 들었지요. 늘 저를 믿어주던 여자친구도, 제 계획을 지지하며 빨리 자리 잡을 수 있도록 격려해주었습니다. 무너지지 않도록 용기를 북돋워주는 이가 곁에 있어서였는지, 서른다섯 나이에 늦게나마 진짜 꿈을 향해 한 걸음 나아가는 결정도 흔쾌히 내렸던 것 같습니다. 지금은 헤어졌지만, 가구 디자이너의 꿈을 향해 나아갈 수 있도록 이끌어준 그 친구에게 감사한 마음입니다.

조급함이 때론 원동력이다

무엇인가를 시작할 때의 기분은 두려움 반, 기대 반일 겁니다. 인생의 기로에 있을 때라면 더더욱 그렇겠죠. 대구에서 6개월간 머물며 추진했던 아파트 관련 사업이 수포로 돌아가면서, 본격적으로 가구 디자인을 배워야겠다는 결심이 확고해졌습니다. 그리고 바로 서울에 올라와 실행에 옮겼죠. 지금 생각하면 그땐 조급함이 컸던 것 같습니다. 늦은 나이에 시작하는 만큼 배우는 시간을 조금이라도 단축해보고 싶었고, 또 뭉그적거리다가 제 결심이 한순간에 흐트러질 수도 있다는 위기감도 들어서였죠. 그때 전 오직 한 생각만 했습니다. "쇠뿔도 단김에 빼랬다고, 이왕 결심한 거 빨리 시작하자"라는.

부리나케 서점에 들러 '혼자서도 가구 만들 수 있어요' 라고 부추기는 책들을 마구잡이로 샀습니다. 필요한 공구도 인터넷으로 주문했습니다. 책에 나온 대로만 따라해보면 간단한 가구 한두 점쯤은 만들 수 있었지만 완성도 높은 가구를 제작하기에는 역시 혼자서는 역부족이었습니다.

당시 오피스텔에서 살고 있었는데, 바닥에 신문지를 펼쳐놓고 나무들을 가져다 톱으로 자르고 전동드릴로 나사못을 박고 사포로 샌딩하려고 하니 먼지는 먼지대로 뒤집어쓰고, 드릴 소리는 어찌나 크게 들리는지 이웃에서 시끄럽다며 눈총을 받기 일쑤였습니다. 왕초보가 나섰으니 오죽했겠습니까.

이러다가는 '신혼집 가구는 내 손으로' 라는 원대한 결심은 그야말로 물거품이 되겠다 싶었습니다. 할 수 없이 독학하려던 결심은 완전히 접고, 본격적으로 목공을 가르쳐주는 공방 물색에 나섰습니다. 여기저기 발품을 팔고 인터넷 사이트를 이 잡듯 뒤졌습니다. 그러다 처음 방문한 곳이 취미 가구 공방입니다. 일단 제가 잘할 수 있을지 가늠하고 싶어, 직장생활과 병행하며 일주일에 한 번씩 공방을 다녔습니다. 익숙지 않기에 힘들었지만 이내 적응했고, 이후에는 좀더 전문적으로 목공을 배울 수 있는 곳을 찾아나섰습니다. 그렇게 찾은 공방에서 목공 기술을 어느 정도 익힌 뒤, 다시 한 번 전문가 과정에 도전해 1년을 꼬박 투자했습니다. 전문가 과정은 창업을 목적으로 하는 곳이기에, 저는 운영하던 바를 정리하고 온종일 목공에만 매진했습니다. 물론, 그 길이 제 길임을 확신했기에 마음의 갈등은 없었습니다. 처음 시작할 때만 해도 막막했는데, 어느덧 전문가 과정까지 밟게 되어 뿌듯한 마음뿐이었습니다. 첫 수업을 받던 날은 오랫동안 짝사랑하던 여성과의 만남만큼이나 설레고 떨렸습니다. 목공을 시작한 지 3년 만이었죠.

▶ TV수납장을 만들고 나서 성취감과 자신감을 얻었다.

본격적으로 가구를 만들다

취미 공방에 다니던 시절에 미니탁자와 수납장을 만들었고, 이후 만든 것이 TV수납장입니다. 흰색을 좋아하던 여자친구의 취향과 당시 유행하던 프로방스풍을 믹스하고, 접이식 문짝에 레일까지 달았습니다. 아직 배우는 단계라 디자인은 간결했지만, 함께 만들어가는 데 의의를 두었죠. 디자인 스케치도 함께하고, 진행 중간마다 보여주며 '검사'도 받았습니다. 가장 가까운 이에게 받는 평가라 긴장 반 걱정 반이었지만, "정말 맘에 들어. 앞으로 이 일 계속해도 잘될 것 같아"라던 소박하지만 진심 어린 칭찬이 제게 큰 힘이 되어 지금의 공방을 차리게 된 원동력이 되어주었습니다.

가구를 만드는 과정마다 힘들긴 했지만, 완성하고 나서의 성취감은 최고였습니다. 어렵게 완성한 TV수납장 덕분에 나사못을 이용한 가구 제작에 대해 자신감도 붙었죠. 탄력이 붙어 바로 수공구를 이용한 짜맞춤 가구 제작에 돌입했습니다. 톱과 끌과 대패만으로 가구를 만들기란 쉽지 않아 수공구 사용법부터 익혀야 했습니다. 당시에는 일주일

짜맞춤 방식으로 만든 좌탁 ◀

에 한 번씩 두어 달 동안 끌과 대팻날을 갈았습니다. 그렇게 해서 처음으로 작은 연필통을 만들고, 뒤이어 작은 선반도 완성했습니다.

이후 취미 공방을 그만두고 분당에 위치한 전문가반을 운영하는 아카데미를 찾았습니다. 이론 수업과 기계(테이블쏘, 수압대패, 자동대패 등) 사용법을 배운 뒤 액자를 만들었는데, 전통 짜맞춤 방식인 연귀장부촉맞춤을 이용했습니다. 작은 액자지만 화려한 무늿결이 도드라지고 높은 목공 기술을 요하는 작업이라, 목공에 대한 매력을 다시 한 번 느낄 수 있었습니다. 여자친구에게도 새로 배운 짜맞춤법으로 다시 한 번 가구를 선물하고픈 마음에 좌탁을 만들었지만, 안타깝게도 이별한 터라 지금은 공방 한쪽에 놓여 있습니다. 독특한 디자인이 맘에 든다며 팔라고 하는 분이 있는데 전 그녀와의 추억 그리고 누구보다 열심히 목공을 배웠던 시절의 저 자신을 떠올리며 소중히 간직하고 있습니다.

브라보, 마이 라이프!

새로운 꿈을 꿀 수 있게 다리를 놓아준 여자친구를 떠나보낸 뒤 한동안 방황했지만, 가구 디자인이 주는 매력에 힘을 얻고 슬럼프를 극복해나갔습니다. 무언가를 계속 만들다 보니 걱정과 고민도 조금씩 잊어나갔습니다. 사람의 정성과 노력에, 때론 추억도 함께 담는 이 직업이 천직인 것만 같습니다.

가구 디자인 일을 점차 배워나갈수록 공방을 차려 독립을 해야 할지, 아니면 다른 공방을 다니며 좀더 경력을 쌓아야 할지 망설이다가 결국 공방을 차리기로 결심하고 부모님께 상의드렸습니다. 물론, KO패였죠. 멀쩡한 직장을 그만두고 공방을 차리는 걸 아버지는 도저히 이해 못 하셨습니다. 그래서 장기 설득 모드에 돌입, 매형과 누나를 지원군 삼아 5개월 정도 설득에 나섰습니다. 결국 아버지의 허락을 얻고 공방 열 준비에 분주

하던 어느 날, 아버지께서 큰 병으로 입원하시더니 급기야 다시는 눈을 뜨지 못하셨습니다. 돌아가시기 몇 달 전부터 부단히도 아버지 속을 썩인 저의 잘못인 것만 같아 죄책감이 더욱 컸습니다. 한 번쯤 아버지께 져드리는 게 낫지 않았을까 하는 후회와 함께 이 일을 계속해야 할까 하는 고민이 또다시 슬금슬금 고개를 내밀었습니다.

하지만 멈추기에는 너무 많은 길을 걸어왔다 싶었습니다. 더 이상 돌아갈 수도 없으며, 어쩌면 제 인생에서 마지막이 될지 모르는 기회이기도 하니, 정말 멋지게 해내보자 다짐에 다짐을 거듭했습니다. 거기다 아버지께서 공방 창업을 허락하시면서 하셨던 말씀이 내내 마음에 걸렸습니다. "사람은 하고픈 일을 하며 살아야 하지만 늘 넌 나의 생각과는 다른 일을 하며 살았다. 그게 너무 맘에 안 들었다. 하나만 묻자. 이 일이 정말 네가 하고 싶은 일이냐? 너도 적지 않은 나이인데, 정말 하고픈 게냐?" 하고 물으시던 아버지. 마지막까지 막내아들 걱정에 맘 편치 못하셨을 아버지께 멀리서나마 아들이 잘되는 모습을 보여드리고 싶습니다.

거듭된 두 번의 고비를 넘기며 힘겨웠던 순간에도 목공을 선택한 제 마음은 흔들리지 않았습니다. 원목을 가공하고 다듬는 일이 고되고 힘들지만, 자연에서 인고의 세월을 겪으며 거목으로 자라준 나무처럼 저 역시 더욱 굳센 사람이 되어야겠다고 다짐했습니다. 또한 그 나무를 가지고 더욱 아름답고 훌륭한 가구를 만들어간다는 것 역시 매력적인 일 아니겠습니까. 그런 직업을 갖고 있으니 저는 정말 운이 좋은 셈입니다.

2. 가구 공방 창업기

그래 결심했어, 창업하는 거야!

공방 창업! 쉽지만은 않았습니다. 집안의 반대와 적지 않은 나이가 큰 걸림돌이었지요. 전문가 과정을 마치면 일을 찾기가 좀 수월할 거라 생각했지만, 나이가 나이인지라 일자리를 구하기가 힘들었습니다. 더구나 제가 원하는 하드우드를 이용한 짜맞춤 가구를 전문으로 하는 공방에 취업하기는 더욱 어려웠죠. 큰 뜻을 품고 시작한 만큼, 포기도 쉽지 않았기에 오랜 시간 고민했습니다. 그러다 점점 창업에 대한 생각을 키워갔습니다. 처음엔 제 뜻에 반대하는 이들이 많았습니다. 목공 경력도 많지 않고, 실패할 위험도 크다는 점 때문이었죠. 하지만 이왕 칼을 뽑았으니 무라도 자르자는 심정으로 부딪혀보았습니다.

제가 공방 창업을 고민하던 2008년 9월 즈음은 나라 경제가 참 어려웠습니다. 시기도 좋지 않고, 여윳돈도 넉넉지 않았던 터라 끝까지 고민에 고민을 거듭했지만, 전 지금 시작하지 않으면 또 언제 할까 싶어 끝까지 밀어붙였습니다. 그때를 생각하면 정말 '무식하면 용감하다' 라는 말이 딱 떠오릅니다.

참, 가구 공방은 다른 분야의 창업과는 좀 다릅니다. 그날그날 매출이 발생하는 것도 아니고 주문이 들어와야 돈을 벌 수 있는데, 이 어려움을 어떻게 헤쳐나가야 하나 싶었습니다. 결론은 무조건 아끼는 것이었습니다. 꼭 필요한 곳에만 지출하되, 아낄 수 있는 부분은 최대한 아끼는 것, 이것만이 가구 공방 창업 시 망하지 않는 지름길입니다.

가 구 공 방 창 업 매 뉴 얼

목공 취미반에서 시작해 분당의 '유니크 마이스터'에서 전문가 교육을 받고 창업을 결심하기까지 저는 3~4년 정도 걸렸습니다. 수많은 시행착오를 거치며 2008년 12월에 공방 문을 열고, 지금껏 혼자서 운영하고 있습니다. 무엇보다 인테리어 공사부터 공구 구입까지 주위로부터 많은 자문을 얻긴 했지만, 혼자 결정하는 것이 쉽진 않았습니다.

작은 공방이라도 허투루 한다는 소리를 듣기 싫어, 먼저 사업 계획서를 작성했습니다. 목공을 하기 전에 다양한 직업을 경험해본 터라 요모조모 따져볼 수 있었습니다. 사업계획서에 위치 선정, 기계 구입비와 인테리어 비용 산출, 향후 공방 운영계획 정도를 담아보았습니다. 그런 다음 제가 가진 자본과 투자 비용을 고민했습니다. 프랜차이즈 공방과는 달리 개인 공방의 경우 창업 자금에 맞춰 위치를 선정하고, 보증금과 월세의 상한선을 잡고, 기계류 구입과 인테리어 비용엔 얼마를 쓸 수 있는지 등을 먼저 생각해야 합니다. 꼼꼼히 예산 계획을 세우지 않으면 예산 금액을 초과하기 일쑤거든요. 저 역시 공방 오픈 때 환율이 올라 예상 금액보다 훨씬 많이 지출했습니다.

• 위 치 선 정

창업할 때 가장 먼저 고려할 요소가 위치 선정입니다. 공방의 앞날을 좌우하는 가장 큰 요소로, 교육을 겸할 것인지 가구 제작만 할 것인지에 따라서 영향을 받습니다. 가구 공방은 특성상 그날그날 매출이 발생하지 않아, 오픈 후 바로 수입이 생기리라 장담할 수 없습니다. 저 역시 공방을 오픈하고 6개월간 수입이 얼마 되지 않았습니다. 사실, 힘들 때면 공방을 접어야 하나 싶기도 했지요.

우울한 이야기는 그만 접고 다시 위치 선정 이야기로 돌아가서, 저는 제가 사는 마포구를 우선하되 차선으로 동작구와 종로구를 택했습니다. 창업 비용이 넉넉지 않았기에, 보증금 천만 원에 월세 50~70만 원 정도 지출할 생각으로 각 지역 부동산들을 샅샅이 뒤졌습니다. 제작과 교육을 겸해야겠기에 교통편도 고려하고, 공방의 크기며 주차장 유무도 살폈습니다. 그래서 찾은 곳이 마포구 서교동입니다. 도심에 있고, 교통편도 나쁘지 않고, 주차장도 있으며, 교육장으로서도 넉넉한 크기에, 보증금과 월세 비용도 적절해서 완벽하지는 않지만 어느 정도 만족했습니다. 여러분도 창업을 결심한다면 이런 사항들을 꼼꼼히 따져보기 바랍니다.

• 기 계 및 마 감 재 구 입

기계류는 크게 테이블쏘나 대패류, 집진기 등 사이즈가 큰 기계류와, 각도절단기나 원형톱 같은 중소기계류의 구입으로 나눠서 생각해야 합니다. 제 공방은 하드우드를 가공해서 작업하기에 원목 가공용 기계류를 갖추는 데 힘을 쏟고, 나머지 기계는 가격 비교를 통해 저렴한 것을 구입했습니다. 창업 시 나사못 결합 위주로 가구를 만들 생각이면 대패류는 생략하고, 슬라이딩 기능이 있는 테이블쏘나 복합 기능이 있는 테이블쏘 구입을 추천합니다. 구입 비용은 제 경우 보증금을 제외한 자본금에서 2/3 정도 들었습니다. 공방을 오픈하고 나서도 필요한 기계나 공구류를 추가 구입했으니, 이에 대한 추가 비용은 감안하셔야 합니다. 참, 한 가지 당부하고픈 건 '지름신'을 조심하라는 겁니다. 이것저것 알아보는 사이 자본금 생각은 저만치 미뤄두고 자꾸만 좋은 제품에 눈이 가게 마련입니다. 이때 자제력을 발휘해 낭비를 막는 게 관건입니다. 오픈마켓이나 공동구매 를 통해 비용 절감을 하는 것도 좋습니다.

공방 오픈에 필요한 소기계류로 도미노, 비스킷 조이너, 루터, 스크롤쏘, 지그쏘 등이 있다면, 소모품류는 도미노칩, 비스킷, 루터 비트, 트리머 비트, 나사류, 본드류, 마감재(오일, 우레탄, 바니시 등)가 필요합니다.

공방을 오픈하고서도 기계류는 끊임없이 필요한 법이니, 처음부터 모든 걸 구비해야겠다는 생각보다는 필요한 것만 갖추되 여유 자금이 생길 때마다 그때그때 기계류를 구입하는 것도 좋습니다.

아, 물론 장비와 기계류 구입 시 다음에 언급할 인테리어 부분을 고려해야 합니다. 장비가 얼마만큼 들어가는지, 어떻게 놓을 건지에 대한 계획이 인테리어 공사 때 의논되어야 하니까요.

• 인 테 리 어   공 사

공방은 크게 목공 작업(교육) 공간과 사무실 공간으로 나눕니다. 인테리어 작업은 전기 공사 → 가벽 세우기 → 페인트칠 → 바닥 공사 → 작업실 공사 → 사무실 공사 순으로 진행했습니다.

전기 공사는 여러 기계류를 쓰다보니 분전판을 안으로 옮기고, 나중에 작업할 때 콘센트며 전기선이 걸리지 않도록 정리해놓았습니다. 여러 공구를 한 번에 사용할 수 있으니 콘센트를 넉넉하게 준비해두는 것도 잊지 않았고요. 전기 공사를 끝내고, 먼저 작업실과 사무실을 나누는 가벽 공사를 했습니다. 작업실과 사무실을 구분하기 위해서였죠.

가벽 공사, 바닥 공사, 페인트칠은 지인의 도움을 받았는데, 소음 방지를 위해 가벽 안에 스티로폼을 넣었습니다. 그리고 바닥 공사 전에 벽에 페인트칠을 해서, 바닥에 페인트가 떨어지는 걸 방지했습니다.

공정 중 가장 힘든 것은 바닥 공사였습니다. 저는 작업실 바닥을 우레탄으로 마감하고 사무실 바닥에는 일반 타일을 붙였습니다. 가구 제작을 하다보면 톱밥이 바닥에 많이 날리는데, 작업실 바닥에 우레탄을 깔게 되면 청소하기에도 좋고 바닥에서 올라오는 습기도 잡아줄 수 있습니다. 우레탄 도장 외에 카펫을 깔거나 데코타일을 붙이는 분도 있습니다. 바닥 공사는 어느 마감재가 좋다기보다는 개인의 취향이 더 많이 작용합니다. 저는 우레탄 도장으로 결정한 후 비용 절감 차원에서 을지로에 들러 견적을 여쭈었는데, 비용이 어마어마했습니다. 작업실 평수가 15평쯤이었는데, 당시 평당 견적이 70~100만 원쯤 나왔죠. 그래서 바닥에 상도제를 바른 다음 우레탄으로 마감해야 하는 정석을 무시하고, 임시방편으로 우레탄만 2회 발라주는 것으로 마무리했습니다. 참, 우레탄이 마르려면 하루나 이틀 정도 소요되니 이 점 또한 고려해야 합니다. 아무튼 이렇게 바닥 공사를 했지만, 현재는 엄청 후회하고 있습니다. 뭐든 정석에 따르지 않으면 후회하듯, 사무실 바닥에 군데군데 뜯겨나간 흔적이 보이거든요.

공방 공사는 무조건 정석대로 해야 한다는 당부와 함께, 한 가지 꼭 강조하고픈 점은 바닥 공사할 때 꼭 수평을 잡아야 한다는 것입니다. 제 공방은 건물이 오래되다보니 수평이 안 맞아 2cm 정도 단 차이가 납니다. 그럼 큰 기계를 설치할 때 문제가 됩니다. 이역시 임시방편으로 바닥에 장판지를 발라(바닥에 본드를 칠하고 한 장씩 붙여주는 작업) 수평을 맞춰 사용하고 있습니다.

이렇게 해서 모든 공정을 마치면 마지막으로 작업실에 필요한 가구를 만들고 사무실에 집기를 채워넣습니다. 작업실에는 먼지를 빨아들이는 집진기가 들어갈 공간을 마련하고 작업테이블과 공구와 부자재를 보관할 수납장을 짜고 목재 보관 공간을 마련합니다. 혼자 하려면 상당한 시간이 소요되니 가능한 한 주변에 도움을 요청하는 게 좋습니다.

• 사 무 실 집 기 구 입

　　사무실에 쓸 집기로 컴퓨터와 프린터, 팩스 등이 필요합니다. 저는 비용 절감을 위해 컴퓨터는 집에서 사용하던 것을, 프린터와 팩스는 복합기를 들여놓았습니다. 그 외 필요한 냉장고나 정수기, 전자렌지 등은 친구에게 받거나 재활용품을 활용했습니다. 나무를 다루는 공방에서 이질감이 드는 가구들은 어울리지 않을 듯해, 사무실에 필요한 가구는 직접 만들기도 했습니다.

• 가구 공방 창업 비용 산출표 (2008년 기준)

목　록	비 용	비 고
공방 보증금	10,000,000원	
대기계류 구입 (테이블쏘, 수압·자동 대패류, 밴드쏘, 집진기 등)	10,000,000원	
수공구 및 소기계류 구입비 (끌, 대패, 톱, 각도절단기, 루터, 트리머, 컴프레서, 드릴프레스, 클램프 등)	9,000,000원	
인테리어 비용 (전기 공사, 가벽 공사, 페인트칠, 바닥 공사)	4,000,000원	목재 구입비 포함
사무실 집기류 구입 및 제작비 (프린터, 수납장, 책상, 보조테이블 등)	2,000,000원	목재 구입비 포함
합　계	35,000,000원	

3. 초보 공방장의 분투기

의 견 조 율 은 언 제 나 힘 들 다

공방을 오픈하고 얼마 안 돼 아는 동생에게 주문을 받았습니다. 새로 이사할 집에 필요한 공간박스를 12개 만들어달라는 주문이었습니다. 특별한 디자인이 필요치 않은 작업이라 다소 아쉬웠지만 흔쾌히 승낙했습니다. 간단한 가구이든, 세심한 디자인을 요하는 가구이든 이름을 걸고 만드는 첫 가구이므로, 동생도 저도 만족스러운 결과물을 만들어내고 싶었습니다. 그러나 대량생산된 가구에 익숙했던 동생의 요구와 좋은 목재를 골라 세심하게 작업하려 한 저의 생각은 엇갈렸습니다. 좁은 공간을 효율적으로 사용하고 싶다는 요구에 맞추려면, 튼튼한 목재(하드우드)를 이용해 짜맞춤법으로 만들되 나뭇결을 최대한 살리는 것이 좋을 듯해 조심스레 제안을 해보았습니다. 하지만 동생은 장식적 요소를 꼭 넣고 싶어했습니다. 동생의 요구를 들어주려면 부드러운 목재(소프트우드)를 사용해 나사못을 박아야 하는데, 그럼 나사못을 박은 자리가 동그랗게 뚫려 미관상 거슬리

게 됩니다. 하드우드를 선호하는 저의 취향 탓도 있지만, 무조건 유행에 맞춰 저렴하게 만 만들어달라는 동생의 고집도 만만치 않았습니다. 결국 우여곡절 끝에 가구를 완성했지만, 마음이 영 편치 않았습니다. 어쨌든 호된 첫 신고식을 치른 셈이죠.

　그다음에 겪게 된 상황은 저를 정말 아연실색케 만들었습니다. 이웃 아주머니가 신문을 오려와 똑같이 만들어달라며 3단선반을 주문했습니다. 두번째 주문이지만 지인이 아닌 첫 고객이라 잘해보고 싶었습니다. 하지만 역시 결과는 참패. 아무리 작은 소품이라도 고객과 저의 의견이 다를 수 있기에 수시로 의견을 조율하고 체크하는 시간을 가져야 했지만, 이 고객에게는 전혀 통하지 않았습니다. 수차례 연락을 드려 주문한 디자인과 맞는지 확인해줄 것을 요청했지만, 확인은커녕 전화로 한두 차례 디자인 수정만을 요청하고 "알아서 해주세요"라는 대답으로만 일관하셨습니다. '소통의 부재'가 낳은 참담함이랄까요. 완성품을 본 고객은 원하던 디자인이 아니라며 발뺌했습니다. 전화로 전한 자신의 의견은 그렇지 않았다며, 이제 막 부푼 가슴을 안고 시작하려던 제게 폭언을 퍼부으며 자신의 요구와는 다르지만 주문한 것이기에 어쩔 수 없으니 완성품에서 몇몇 곳을 손봐달라고 했습니다. 전화 통화에서 그 아주머니의 요구는 이러했으며, 몇 차례 내방도 부탁했지만 거절하지 않으셨냐고 정중하게 말해보았지만, 말이 통하지 않았습니다. 게다가 완성된 가구의 모양까지 흩뜨리는(당시 아주버니의 요구는 가구를 망가뜨리는 수준이었습니다) 요구를 하시기에, 저 역시 화가 머리끝까지 치밀었습니다. 아직은 초보이지만 디자이너로서의 자부심이랄까요. 저는 끝내 고객의 요구를 정중히 거절했습니다.

　대량생산품과 일일이 손수 제작하는 수공품의 차이를 인정 못 하는 데서 오는 의견차, 알아서 해달라고 맡긴 뒤 결과물을 두고 왈가왈부하는 승강이, 가구의 용도나 얼마나 오래 쓸 것이냐를 고려치 않고 무조건 가격만 맞춰달라는 요구 등은 아직도 겪는 어려움이지만, 그때의 일 덕분에 조금 더 단단해진 제가 되었으니 결과적으로 약이 된 셈입니다.

목공 아카데미를 열며 함께 성장하다

공방 창업과 함께 저는 '목공 선생님'이라는 새로운 직함을 얻게 되었습니다. 목공에 관심 있는 이들과 함께 배우고 만들고자 목공 아카데미를 열었거든요. 가구 디자이너가 되고 싶어서, 혹은 취미 생활을 하기 위해, TV 속 동경하는 주인공이 가구 디자이너여서 등등의 이유로 가구에 관심이 생긴 이들이 저처럼 수많은 시행착오를 거쳐 헤매지 않고, 자유롭게 배우며 즐길 수 있는 공간을 만들어보고 싶었습니다. 저 역시 배워가는 입장이기에 가르친다는 결심을 하기까지는 쉽지 않았습니다. 인라인 스케이트나 스노보드처럼 취미로 가볍게 배우는 거라면 얼마든지 가르쳐주지만, 진지한 가르침을 받고자 하는 이들의 요구를 어떻게 채워줘야 할지, 또 수업료는 얼마로 책정하며, 그 책임감과 중압감은 어떻게 견딜 것인지 등등 고민이 쌓여갔습니다.

그렇게 수많은 고민들에 발목 잡혀 결심과 포기를 반복하다가, 드디어 큰 결심을 하게 되었습니다. 다른 것 다 생각 말고, 오직 이 일을 시작할 때의 저처럼 호기심 충만한 이들을 위한 '목공 놀이터'를 만들고 가꿔나가자고 말이지요. 자질구레한 문제들은 조율하며 해결하면 될 터이고, 가장 중요한 책임감과 중압감 문제는 "저 역시 배우는 입장이니 서로서로 도웁시다" 하면 되지 않을까 싶었습니다. 그렇게 해서 2009년 4월, 목공 아카데미를 열었습니다. 수강생이 적으면 어쩌나 고민했지만, 관심 있는 이들이 하나둘 알음알음 찾아오더니 입소문을 타고 이제 제법 규모 있게 꾸려나갈 정도가 되었습니다. 아무것도 모르고 찾아온 이들이, 이제는 제법 틀을 갖춰 목공인의 태가 제법 납니다. 저 역시 그들의 모습에 뿌듯함도 느끼며, 때론 초심으로 돌아가 다시 한 번 열의를 불태워보자는 의지도 다집니다. 무에서 유를 창조하는 작업이 얼마나 즐거운지, 저도 회원들도 새록새록 맛들이고 있는 거겠죠.

그러면서 또 한 번 꿈을 꿉니다. 몇 년 뒤 단독으로 전시회를 열자는 꿈을. 2008년,

목공 아카데미 졸업 전시를 마치고 공방을 준비하면서 적어도 1~2년에 한 번씩은 작품 전시회를 꼭 열어야겠다고 생각했습니다. 올해는 다른 공방장들과 공동으로 〈목수 8인의 제안展〉을 열었습니다. 전시회 도록도 만들고 『한국목재신문』에 전시회가 소개되는 등 가구를 통해 사람들과의 소통이 좀더 원활해지는 계기가 되었습니다. 지금의 저는 반쪽 가구 디자이너 겸 제작자이지만, 언젠가는 100퍼센트 제 노력과 디자인이 깃든 가구들로 인정받고 싶습니다. '우상연'이라는 가구 브랜드의 탄생이 머지않아 올 거라 기대하면서.

©이준성

창업한 선후배 공방장 인터뷰

공항 관세사에서 새내기 공방장으로
- 休 사람과 나무 공방

1. 언제 처음 목공을 접하게 되었나?

8년쯤 전에 캐나다 밴쿠버에서 PC방을 운영했다. 당시 인테리어를 직접 하면서 계산대 테이블과 컴퓨터 책상을 만들고자 홈디포 Home Depot (DIY체인점)에서 목재 및 철물을 구입하면서 목공을 처음 시작했다.

2. 가구 만들기가 자신에게 어떤 의미인가?

글쎄… 어제도 주문가구를 만들며 잠깐 생각했던 질문이지만, 가구 만들기는 거창하게 말해 '나 자신을 다스리는 법'을 배우는 일인 듯싶다. 제작을 계획하고 도면을 작성하는 순간부터 쉽고, 편하고, 빠른 길로 가려는 마음을 다스려야 했다. 그렇게 다스리고 다스려도 만들고 보면 항상 모자라 보이고 어디 내놓기에 부끄러운 가구인 것만 같다.

3. 원래 직업은 무엇이며, 전업한 이유나 계기는?

외국계 항공사에 근무하면서 주로 인천 공항에서 일했고, 본사의 관리부에서도 1년 정도 일했다. 대략 3년 후에 미주로 이주할 생각이다. 그곳에서 한국의 펜션과 비슷한 개념의 캠핑장을 손수 개발할 계획을 하고 있어, 사전에 좀더 심층적인 목공 기술 연마 및 준비 작업을 하기 위해서 전업하게 되었다.

4. 어떤 과정을 거쳐서 창업을 하게 되었나?

취미로 배우며 다니던 공방 선생님께 창업 상담 및 진단도 받았고, 우드워커 카페의 선임 공방장님과 여러 회원들의 도움을 받았다.

5. 자기 공방을 소개한다면?

상업적으로 자유롭다고 말하긴 무리가 있지만, 창업의 목적이 경제적인 면보다는 나의 경험 축적 목적이 더 크므로, 목공을 배우기 위해 찾아오는 분들이나 주문 제작을 원하는 분께도 덜 부담스러운 공방을 만들려고 노력한다. 경제적으로 운영상 어려움도 있지만, 인터넷으로 가구 제작 주문받기를 자제하고 좀더 내실 있는 공방을 꿈꾼다.

6. 대한민국에서 가구 공방을 운영한다는 것은?

현 시점에서 투자라는 인식을 가져야만 운영할 수 있는 것 같다. 흑자 운영도 어려운데, 거기다 자기 공방만의 스타일을 고수하기란 더욱 어렵지만, 주관을 가지고 목공에 대한 인식과 저변을 확대해가다보면 즐겁게 공방을 운영할 수 있는 시기가 오지 않을까 기대한다.

7. 공방 매출의 일등 공신은?

공방 회원들의 수강료, 기본적인 목공 기술을 가진 회원에게 장소와 공구를 빌려주고 받는 임대료, 가구 주문 제작 수주로 발생하는 인건비. 그외에 수입을 증대할 방법이 있다면 알려주시기 바란다.

8. 가구 만들기를 처음 접하는 사람들에게 조언을 한다면?

"내 안의 게으른 악마와 싸워 이겨라." 철저하게 계획하고 머릿속 아이디어를 실제로 펼쳐 보이려는 노력을 계속해야 한다. 힘들더라도 절차를 반드시 밟으며 가구를 만들 것. 마냥 편한 방법만 찾다보면 흡족한 결과물을 내기 어렵다. 결국 목공은 마음 다스리는 작업이라 생각된다.

9. 창업을 생각하는 후배들에게 해주고픈 말은?

실제 창업 비용은 예산에서 거의 2배 가까이 증가된다. 때문에 잉여자금은 필수. 만약 대출을 고려한다면, 초기에 엄청난 상환 부담으로 시달릴 각오를 해야 한다.

10. 일반인들이 가구에 대해 가장 오해하는 점은?

가구 제작에 소요되는 인건비 지불의 정당성에 대해 다소 인식이 부족한 상황이다. 대부분의 사람들이 가구를 보면서 자재비 계산만 할 뿐, 제작 기간에 따른 인건비 산정에 대해 인색한 점이 아쉽다.

입시학원 대표에서 목공을 업으로

- 쿠담공방

1. 언제 처음 가구를 접하게 되었나?

가구에 대한 관심은 오래전부터 있었다. 그러다 10년 전 홍대 앞 DIY 공방에서 나사못 결합의 가구 제작을 시작으로 조금씩 접하다가 거리와 비용 문제로 접고, 베란다 공방을 2년 정도 해왔다. 4년 전쯤 아내가 임신했을 때 아이에게 건강하고 제대로 된 가구를 만들어주고픈 마음에 본격적으로 목공을 시작해 지금까지 오게 되었다.

2. 가구 만들기가 자신에게 어떤 의미인가?

취미로 했을 때는 삶의 활력소. 지금은 삶 그 자체.

3. 원래 직업은 무엇이며, 전업한 이유나 계기는?

지인과 둘이서 입시학원을 공동운영하다, 40대에 갖는 직업이 평생 직업이라는 말에 자극받아 나무에 남은 인생을 걸기로 했다.

4. 어떤 과정을 거쳐서 창업을 하게 되었나?

입시학원 운영이 안정적이긴 하지만, 해보고픈 일에 대한 열망으로 고민하던 차에 유니크 마이스터 공방의 김홍국 씨가 함께해볼 것을 제안했다. 많은 고민 끝에 하던 일을 정리하고 합류했다.

5. 자기 공방을 소개한다면?

쿠담 공방은 대한민국 최고를 목표로 한다. 남들과 같은 것은 만들지 말자는 철칙을 기본으로, 디자인에 중점을 둔 가구를 제작한다.

6. 대한민국에서 가구 공방을 운영한다는 것은?

일단 원목가구를 하려고 한다면 장소 문제가 가장 크게 대두된다. 기본적으로 공방은 기계나 작업 공간이 확보되어야 하기 때문에 다른 업종에 비해 넓은 공간이 필요하다. 판매를 목적으로 한다면 상권이 형성되고 유동 인구가 많은 곳을 선택해야 하는데 적당한 장소를 구하기 쉽지 않다. 상권으로 진입하려면 창업 비용이 올라가고, 그 부분을 감수한다 해도 장비 사용이나 작업할 때의 소음 문제로 주변과의 관계가 껄끄러워진다. 그렇다고 지하로 내려가려니 습기 문제가 걸리고, 분진도 많이 나와 환기도 고려해야 한다. 이런 점들을 고려할 때, 장소 선정이 가장 어려운 듯싶다. 제작 면에서 보자면 소재의 한계성을 꼽고 싶다.

7. 공방 매출의 일등 공신은?

목재 판매는 거의 하지 않는다. 현재 가장 큰 비중은 목공 교육.

8. 가구 만들기를 처음 접하는 사람들에게 조언을 한다면?

"많이 만들어라." 그리고 "하나를 만들어도 제대로 만들어라." 시간에 구애받지 말고 서두르지 말며 꼼꼼하게 만드는 것이 초보에게는 가장 중요하다. 물론 많이 생각하고 많이 고민한 다음에 시작하는 건 기본!

9. 창업을 생각하는 후배들에게 해주고픈 말은?

충분히 준비해야 한다는 점을 꼭 말해주고 싶다. 나 역시 준비과정 없이 시작해 어려움이 많았다. 다행히 이미 운영하던 분과 같이하게 되어 그나마 시행착오를 줄였지만, 아는 것과 실제로 해보는 건 차이가 있다. 자신이 어느 것에 중점을 두고 창업할지 빠르게 결정하고 세심히 준비하는 것만이 최선인 것 같다.

10. 일반인들이 가구에 대해 가장 오해하는 점은?

가구 가격에 대한 오해가 가장 크다. 일반인들은 소재에서 오는 차이를 잘 모르기 때문에 가격이나 제작 공정에 대한 설명을 자세하게 해줘야 한다. 우리나라는 사람들이 이사를 자주 다니는 편이고, 대부분 새로운 트렌드에 민감해서 가구 사용 기간이 짧기에 저렴하면서도 감각적인 가구를 선호하는 경향이 있다. 대를 이어 가구를 사용하며 소중히 아끼는 인식이 부족해 많이 아쉽지만, 차차 나아지고 있으니 비관적으로 생각하지는 않는다.

초보자를 위한 **친환경 가구 만들기**

ⓒ 우상연 2011

1판 1쇄   2011년 3월 21일
1판 13쇄   2019년 9월 19일

지은이   우상연
구성   김경숙 서민경
사진   이과용(leekw28@hanmail.net)

펴낸이   김정순
기획편집   서민경
디자인   김진영
마케팅   김보미 임정진

펴낸곳   (주)북하우스 퍼블리셔스
출판등록   1997년 9월 23일 제406-2003-055호

주소   04043 서울시 마포구 양화로 12길 16-9(서교동 북앤드빌딩)
전자우편   editor@bookhouse.co.kr
홈페이지   www.bookhouse.co.kr
전화번호   02-3144-3123
팩스   02-3144-3121

ISBN 978-89-5605-515-2 13630

북하우스엔은 (주)북하우스 퍼블리셔스의 실용서 브랜드입니다.

이 도서의 국립중앙도서관 출판도서목록(CIP)은 e-CIP 홈페이지(http://www.nl.go.kr/cip.php)에서
이용하실 수 있습니다. (CIP제어번호 : CIP2011000920)